2012年3月，我接到马来西亚教育部邀请函赴马讲学。合影中间为马来西亚华人公会总会长蔡细历，右边为马来西亚教育部副部长魏家祥。

2010年2月，我去新加坡讲学，定居新加坡的学生夏亚卉给所有听课的老师朗读了她当年的文字《班级风景谈》。

我们学校的班主任团队。

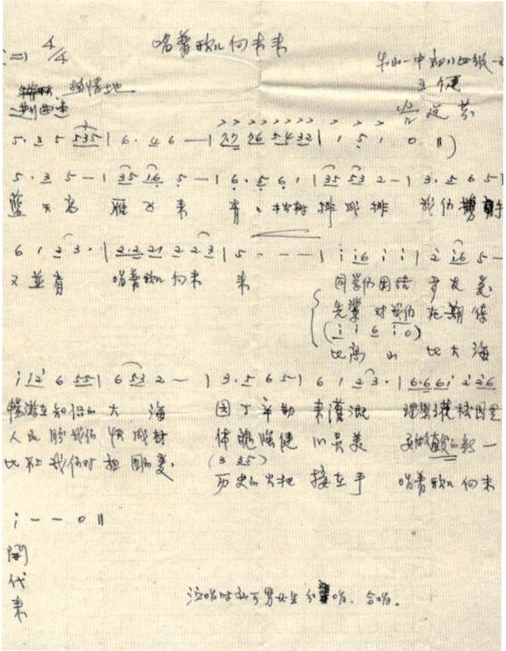

1 我的第一个毕业班——“未来班”初84级一班合影。

2 这六本我为学生们编撰的沉甸甸的“班级史册”，是我们共同的宝贝。

3 谷建芬和王健老师为“未来班”谱写的班歌《唱着歌儿向未来》底稿。

4 乐山一中高九三届学生合影。

1
2 | 3

1 阳光、竹林、笑声中，我忠心耿耿地护卫着我可爱的“小鸡”们。

2 我和同学们一起玩“斗鸡”游戏，孩子们一蹦一跳地向我进攻。

3 2000年4月9日学生们将我送到了站台上，我们难分难舍。

我们在油菜地里上语文课。

我和学生们一起玩捉迷藏。

这就是我和我的学生们。

我这样做班主任

——李镇西30年班级管理精华

李镇西／著

漓江出版社
·桂林·

图书在版编目（CIP）数据

我这样做班主任：李镇西30年班级管理精华/李镇西著.
—桂林：漓江出版社，2012.5（2022.9重印）
ISBN 978-7-5407-5624-6

Ⅰ.①我… Ⅱ.①李… Ⅲ.①中小学—班主任工作 ②中小学—班级—学校管理 Ⅳ.①G635.16 ②G632.421

中国版本图书馆CIP数据核字（2012）第044611号

我这样做班主任——李镇西30年班级管理精华

作　　者　李镇西

出 版 人　刘迪才
策划组稿　文龙玉
责任编辑　章勤璐
封面设计　石绍康
责任监印　黄菲菲

出版发行　漓江出版社有限公司
社　　址　广西桂林市南环路22号
邮　　编　541002
发行电话　010-65699511　0773-2583322
传　　真　010-85891290　0773-2582200
邮购热线　0773-2582200
网　　址　www.lijiangbooks.com
微信公众号　lijiangpress

印　　制　天津嘉恒印务有限公司
开　　本　710 mm × 960 mm　1/16
印　　张　17
字　　数　200千字
版　　次　2015年1月第2版
印　　次　2022年9月第12次印刷
印　　数　50 001—53 000册
书　　号　ISBN 978-7-5407-5624-6
定　　价　39.80元

目　录

CONTENTS

总序

文学与教育齐飞

李镇西

那天和女儿聊天，我说：“爸爸小时候的梦想是当作家，后来当了教师，我便把文学这种业余爱好融进我的专业，于是我有了一点成功的感觉和许多职业的幸福。”的确如此，现在的我既是四川作家协会的会员，又是中学语文教师，呵呵，感觉真不错。

我曾想，如果我单纯搞写作，很难成为优秀的作家；如果我单纯搞教育，也未必成为优秀的教师。现在我当然也不能说我是“优秀的作家”或“优秀的教师”，但是，会点儿写作同时又懂点教育，我就成了作家中会教书的，也是教师中会写作的。

十五年前，我曾应某语文教学杂志之邀写过一篇文章，题目叫《把文学梦托付给教育》。其中有这样的话——

1977年恢复高考时，我在知青农场填报的志愿虽然全是“师范学院中文系”，但我看重的并非“师范”而是“中文”。从小学起便在学校大批判专栏上“发表”过大量“东风万里红旗飘”之类“诗歌”的我，自以为是“文学爱好者”，理应进“中文系”深造。但是，当时我很少会想到，那“动机不纯”的“师范”二字将决定我后来的人生走向，而“中文”则似乎永远不过是一个“文学梦”而已。1982年2月我已经分配到了中学，心里却还惦记着如何把我“创作”的一篇反映实习生活的“中篇小说”变成铅字，以期引起哪位“文坛伯乐”的注目，然后把我这颗“文学新星”调到文联或作协。但是，充满蓬勃生机的校园生活，使我身不由己地融进了学生之中，并真诚地爱上了他们。我当然仍有点不甘心放弃“文学梦”，但是，对学生的钟爱不能容忍我因对“文学”的追求而对每一堂课有哪怕是一丝一毫的敷衍塞责！更何况，在学生的身上我渐渐发现教育其实有着不亚于文学的魅力！我应该也可以把“文学”与“教育”融为一体。

是的，“教育其实有着不亚于文学的魅力”！

现在，我从教快三十年了，我对此依然深信不疑，而且有了更深刻的感受：岂止是“不亚于”，文学与教育简直就是相通的——

文学如教育一样，着眼于人的灵魂，追求心灵的感动与激荡；教育如文学一样，充满激情、浪漫、意趣。

文学如教育一样，力求把人引向真善美，引向伟大、深刻与崇高；教育如文学一样，震撼人心，催人泪下，荡气回肠，余韵悠长。

如玉一般的赤子之心，如水一般的纯净灵魂，如山一般的英雄梦想，如海一般的浩渺胸襟……文学都具备。

诗歌一般的激情燃烧，戏剧一般的跌宕起伏，小说一般的惊心动魄，散文一般的从容优雅……教育均拥有。

因此，从某种意义上似乎可以说，一个优秀的作家，一定能够成为一名优秀的教师；反之亦然。

我还可以非常肯定地说，作家与教师是以不同的方式表达着对生命的理解，并影响着生命的质量——

作家以自己的作品影响无数的读者，让自己的思想与情感通过文字进入读者的精神世界；教师将每一个孩子当做自己的作品，在每个孩子身上倾注热情，挥洒生命，帮助他们把人生变成一首隽永的诗或一篇厚重的小说。

纯真，激情，妙趣，敏锐，深刻，浪漫，智慧，责任……这是教育的要义，也是文学的元素。“浓妆淡抹总相宜”“道是无晴却有晴”“为有源头活水来”“润物细无声”“此时无声胜有声”……这是文学的表达，也是教育的境界。

2010年2月我在新加坡讲学，新加坡同行问我：“为什么您的教育经历中有那么多的感人故事？”我说：“任何一个教师，只要他用心做教育，他的职业生涯一定会充满许多传奇！”比如，面对一个后进生，无论多聪明的教育者，也无法预料明天他会给自己惹什么祸事。教育的悬念由此埋伏，这增加了教育的难度，同时也增加了教育的某种乐趣。我们期待着每一天的“悬念”，进而研究、解决不期而遇的“悬念”，享受解开“悬念”后的喜悦，并将一个个小事件小细节小感悟等等及时记录下来，然后又期待着下一个“悬念”……这是一个跌宕起伏，有时候甚至是惊心动魄的过程。在这过程中，我们和学生一起在创作教育故事和生命传奇。这是文学的韵味，也是教育的魅力!

我的许多著作，比如《爱心与教育》《心灵写诗》等等就是这样创作出来的。这是文学呢，还是教育?

有些东西真的是说不清楚。当我梦寐以求想当“浩然”（我少年时代唯一存在的作家，当时中国很多作家都被打倒了）时，命运让我当了教师。当我放弃当作家的念头，专心致志地上课带班时，波澜壮阔的教育生活却让我情不自禁地拿起了笔，我写下一首首献给可爱孩子们的抒情诗，写下一篇篇表达我火热情怀的散文，甚至出版了一本本记录我教育故事的著作：不仅仅是我的《爱心与教育》《做最好的老师》《走进心灵》《风中芦苇在思索》《怦然心动》《心灵写诗》等三十多本引起同行共鸣的著作，还包括没有正式出版但真实记录我和学生共同生活和青春风采的《未来》《花季》《恰同学少年》《花开的声音》……这些作品对我和我的学生而言，是一段生活的定格，一页历史的缩影，一种精神的凝固，一份情感的珍藏，一簇创新的火花，一道理想的光芒，一串记忆的珠宝，一束青春的花朵。它们既是教育的，也是文学的。

更何况，无论是作家还是教师，共同的身份为“知识分子”，共同的责任叫“使命”，共同的理想是“推动人类文明进步”。

让文学与教育携手共进，越来越成为我坚定的信念。

于是，近三十年来，我左手文学，右手教育，除此之外，再无其他！就这样，理想共初衷一色，文学与教育齐飞，青春和童心为伴，生命携使命同行。我把一部部撼人心魄的文学作品连同一位位可歌可泣的人类英雄精神巨人铸进孩子们的心灵，用文学的激情点亮教育的理想，照亮孩子们未来的公民人生；同时，我用手中的笔书写自己的校园故事，让文学丰盈我的教育岁月，更让我微弱而执着的声音通过文学汇入改革时代的轰鸣潮声。

这一套《李镇西文集》算是我教育生活的文学见证，也是我文学表达的教育结晶。作为教育著述，也许它们谈不上“深刻”，但在我心里，每一句话都如文学般纯真而洁净；作为文学作品，也许它们算不上“优美”，但在我眼里，每一个字都如教育般严肃而神圣。总之，无论是把这套著作看做“教育”还是“文学”，其中的每一页都写着两个字：真诚。巴金说：“把心掏出来。”我当然不敢和巴金相提并论，但我也的确是把心给了亲爱的读者。

我愿意重复我以前写过的两段话，作为这篇序言的结束——

我不止一次地庆幸我是一个教师，因为与青春同行使我的心永远年轻；而且我特别庆幸我是语文教师，因为这使我能用一双“文学的耳朵”随时倾听“花开的声音”，并把这种世界上最美的声音用文字表达出来。

挽留青春，珍藏童心；挥洒情感，燃烧思想；从职业到事业，从幻想到理想；手足舞蹈于校园，心灵飞翔于社会——这就是我的生活！

2011年2月17日

PART1

第一辑　为什么要当班主任

正是那时候的成功与挫折、喜悦与忧伤、欢笑与泪水、纯真与苦涩、骄傲与尴尬……以及对这一切的反思，让我对教育对学生对自己的人生有了越来越深刻的认识，我的教育情感也更加丰富，教育给予我的幸福也更加丰厚，并让我走到了今天。

初当班主任

1982年春天，我分配到四川乐山一中的时候，学校并没有安排我做班主任，只是让我担任初中84届一班的语文教学工作。那时该班的班主任是一位教体育的女教师冯老师。

尽管我只是科任老师，但我和学生的交往之密切，远远超出了一般的科任老师和学生的关系。也许是我的天性使我很爱和孩子打交道，也许是我教语文更容易走进孩子的心，总之，学生就是喜欢我，我当然也很爱我的学生。学校外面就是岷江，我常常把学生带到江边去上语文课，让孩子们通过观察然后用笔描绘大自然在春天里每一点细微的变化。我还不止一次把作文课搬到农贸市场，让孩子们观察集市上人们的言谈举止。我利用语文课给孩子们朗诵长篇小说《青春万岁》，这让我的课成了孩子们每天的期盼。

我和孩子们的依恋之情越来越深。星期六下午放学的时候，我常常怅然若失，因为要等一天才能见到同学们。同学们对我也是如此，他们向我说再见时，我能够从他们的眼神中读到不舍。因为刚当老师，我不会用嗓子，没多久嗓子便哑了。有一天我回到宿舍，却推不开门，原来门缝被一个纸包塞住了。掏出纸包打开一看，是治喉咙的药。送药的人没有留下姓名，但我可以肯定就是我班上的孩子放的。第二天，我站在讲台上笑眯眯地问："是哪个同学昨天给李老师送的药呀？"当然没有一个同学承认，但台下，每一个孩子都神秘地笑着，每一张笑脸上都忽闪着一双明亮而调皮的眼睛，仿佛他们有一个共同的秘密瞒着我，又好像是他们的一个什么"阴谋""得逞"了，只有我被蒙在鼓里。那一刻，我被感动了。为此，我写了一首小诗，题目就叫《眼睛》，后来投稿给《乐山日报》，居然还被登出来了——这是我发表的第一首诗。

大约过了一个月，我找到冯老师和她商量："能不能把班主任让给我？"那时候班主任没有什么津贴，老师除了国家拨的工资，再没有别的收入，也就是说，是否多带一个班或当班主任，丝毫不影响老师的经济收入，不存在什么"利益问题"。何况，即使有"利益问题"，我相信冯老师也不会计较，因为冯老师是一位非常善良正直的好人，一位非常优秀的老师，一个多月来，她给我许多帮助。记得上完第一次语文课后，她向我转述学生的反映："学生们都说你的语文课很有吸引力，很好！一个老师，只要把课上好，就什么都不怕！即使校长不要你上课，学生和家长也不答应。所以，精湛的教学艺术是你的立身之本！"这话我现在也常常拿来告诫年轻老师。冯老师当时听了我的请求，非常理解我，但她说这要和校长商量。于是我找到分管教学的赵校长，本来我准备了一大堆说服赵校长的理由，没想到我一开口说要当班主任，赵校长便爽快地答应了："好，年轻人应该锻炼锻炼！"

于是，我这个班主任便走马上任了。学生们倒没觉着诧异，因为在这之前，我本来就像班主任一样和他们成天泡在一起。我当班主任最得意的作品无疑便是现在许多熟悉我的人都知道的"未来班"了。但在这里我还得说说。

我有幸于从教之初，便从苏霍姆林斯基的著作中结识了这位可亲可敬的教育家。在读苏霍姆林斯基的日子里，他的许多精辟的观点让我想到了自己的教育，并情不自禁地解剖自己的教育方法。作为班主任，我立志让我所带的班富有勃勃的生机和强大的凝聚力，让每一个孩子都能因为在我的班上学习而感到成长的快乐。这当然是没有错的。但要达到这个目的，首先就得把教师的意图变成学生的意图——当然不是把教育者的意图简单地强加给学生，而是在教育者的目的同孩子的愿望之间找到一个自然和谐的结合点，让全班学生有一个统一的奋斗目标，因为只有目标才能产生动力，正如苏霍姆林斯基所说："集体主义教育的实践，首先在于激励学生自由地、自觉地实现集体的目标。"特别重要的是，这个目标不应该仅仅由教师一个人提出来，而应该在老师的引导下由学生提出来。

于是，我通过一系列的引导和启发，让学生们为自己所热爱的班集体提出一个奋斗目标。经过反复讨论，大家一致认为我们班应成为既洋溢着集体主义温暖又充满进取创新精神的富有鲜明个性的班集体。学生们还提出了基本实现这一目标所需要的时间——两年，同时又决定为自己的班集体取一个响亮的名字，并设计一系列标志。

为什么我要给班集体取一个名字并设计标志呢？这是为了让我们的班变得"有意思"一些，让孩子们觉得"我们的班就是与众不同"。这是符合儿童心理学的。所谓"情趣"所谓"浪漫"，都在这种种"与众不同"之中了。

我有意识地引导学生们，把确定班名、提出班训、创作班歌、构思班徽、绘制班旗的过程，变为对学生进行集体主义教育和培养创造精神相统一的过程。人人动脑，个个动手，通过"班名、班训讨论会""班徽、班旗图案展评”“班歌歌词朗诵会”“最佳班级标志评选”等主题班会充分调动每个人关心集体的热情和创造精神。

现在想起来，我那时真的是有用不完的劲儿！没有谁要求我这样做或那样做，一切都是我心甘情愿，和校长无关，因为这是我自己的幸福。

在工作第三年的寒假，我在除夕那一天写下了我对教育的感悟，题目很随意，就是《教育漫笔》[1]，三年来的喜怒哀乐尽情地在纸上流淌——

随着教育实践的丰富，我对“师爱”有了更深刻的理解：爱，不仅仅是和孩子一起玩儿，而首先应该是理解学生的精神世界，学会用他们的思想感情投入生活，和学生一起忧伤、欣喜、激动、沉思。

我曾和我尊敬的赵校长发生过一次争执。他批评我不注意教师的尊严，和学生过于亲密，失去了师生的界限，“过分”了。而我却认为，只要注意环境、场合，只要把握准学生的情感，教师的任何“过分”的亲切、幽默、嬉戏都不会是多余的，这只会让学生感到：“这老师真有趣！他真是我们的好朋友！”

有段时间，班上的男同学酷爱“斗鸡”，无疑，这是很危险的游戏，于是我下令禁止：“首先这游戏对你们正在发育的身体不利，其次在教室里、校园里一跛一跳实在不雅……”在我看来，学生们应理解我的一片好心，况且我已晓之以理，但在学生看来，我是专横地剥夺了他们的自由，于是，“斗鸡”由公开转为地下，这意味着师生之间已产生了不信任。不久，我们班来到通江河滩郊游，我发现，在我宣布自由活动后，一些男同学互递眼色，像在商量什么，但又不好意思说，我看了一下四周柔软的沙滩，忽然明白了，便大声宣布：“来，请男同学组织一个‘敢死队’，与

① 《教育漫笔》全文详见本书第33页。

我‘斗鸡’！”孩子们在惊喜中雀跃起来。当我看到男生们一蹦一跳地向我轮番进攻，最后把我击倒在沙滩上，我感到很舒畅：同学们已理解我了，因为我并未扼杀他们的童心。

是的，我认为教育不应违背儿童的天性。当然，“不应违背”并非一味迁就，而是把童趣引导到正当的途径和允许的范围内发挥，这将会使学生的心和教师贴得更紧。如果教师本人也保持或培养一点“儿童的天性”，那么，就能使师生之间的心灵融为一体。为了培养同学生的感情，我努力准确地记住每个学生的生日，并坚持在学生生日那天送去一个小小的礼物，假期也不例外。寒假里的正月初一，我邀约学生带上香肠、小香槟、糕点，一起来到郊外，在欢声笑语、追逐打闹中共度新春佳节。跟孩子们一起捉迷藏，一起“丢手巾”，一起打水仗，一起包抄手……这的确是一种享受。（直到现在，每次我回乐山，看到公路两旁的某一处草坪，某一个山坡，或某一条小溪，都会勾起我美好的回忆，因为在这些地方，都曾留下我和学生们的欢乐。）

教师与学生在不知不觉中形成的依恋感，有时会产生连教师本人也意想不到的效果。我永远也忘不了1983年11月16日上午第四节课，那天，我即将去医院住院——因为过度劳累，我终于病倒了，但班上的情况却使我气愤之极：课堂纪律差，教室卫生差，不少人对集体漠不关心，一个鸡毛掸子不知被谁弄断了，却无人过问……在上课开始时，我压住气愤，用悲哀的语气说道：“同学们，我对你们太失望了……两年来，我呕心沥血，换来的却是……”出乎我的意料，全班同学都难过地低下了头，大部分同学竟伏在桌上哭起来。我也流泪了，我并未批评哪一个同学，我甚至连一句发火的话也没说，可是每一位同学都感觉到，是自己让老师伤心了，他们都愧疚地哭了，教室里一片抽泣声。一周之后，我从医院偷偷溜出来回到班上，看到教室已被粉刷一新，三个鸡毛掸子插在讲桌上；科任老师反映学生纪律很好；每天读报课，文娱委员毛利便组织大家练歌，准备学校“一二·九”歌咏比赛……这令我欣喜的变化，与其说是靠教育，不如说是靠了爱的感化。

但我刚当班主任那几年，教训也不少。我曾多次苦恼过：为什么我把整个身心都献给了孩子们，可一些学生还是对我很冷淡呢？班上有一个女生叫付饶，我曾为她花费了大量精力：谈心、补课，不止一次地冒着烈日去她家家访，她呢，也很关心我，初一时，她曾在一个节日的早晨悄悄地把一束鲜花放在我的寝室门外。不料，她后来对我相当冷淡。我为此不解，后来她毕业之后和我相逢，我热情地招呼她，她却依然冷淡，我终于忍不住问她：“是不是我曾经对你有过伤害，让你这么恨我？”她沉默了片刻，终于以火山爆发般的口气直言道：“是的，我对你就是恨……你自以为你是为我好，但是你伤过我的自尊心。你还记得初三时我写的那张大字检查吗？”哦，我想起来了，初三时，她违反了学校纪律，我出于严格要求，责令她写了一份检查，并用大字抄出来贴在校园内。当时我觉得这样做很好，因为违反学校纪律的人明显少了，没想到现在……“也许你李老师是对的，‘严格要求’嘛，‘维护集体荣誉’嘛，可是，我却因此而出名了，付饶——全校都晓得了！……”我惊慌我当时为何没察觉她的思想：“你为什么当时不对我说你的不满呢？”“要毕业了，我怕你……所以，心里不服还是假装诚恳，写了检查……”付饶继续滔滔不绝地发泄着，我却不怪她，甚至还感谢她，因为通过她，我毕竟得到了一个有益的启示：如果我们在无微不至地关心学生的同时，又不知不觉地伤害学生的自尊感，那么，这好比是我们一方面热心播撒师生感情的种子，一方面又在粗暴摧残师生感情的幼芽。

正是对不止一次类似错误的反思，我越来越坚信：教师想尽量直截了当地帮助学生改正缺点，把他的缺点公之于众，以使其他学生从中汲取教训，不犯类似的错误，这种方法是最不成功的。因为这无异于开“批判会”，把孩子心灵中最敏感的地方——自尊心、个人尊严、自豪感统统暴露于外，并使之受到伤害，这种教育所造成的损失是难以估量、无法弥补的。

这篇文字写成不久，我偶然看到《光明日报》上一则消息：我国第一份班主任杂志《班主任》即将创刊。于是，不知天高地厚的我，便把我这篇文字投到了《班主任》杂志，没想到（其实我也盼望着）《班主任》杂志主编王宝祥老师给我亲笔回信：“大作已拜读，很好。分两期刊出。”这是我第一次发表关于班主任工作的文字。

30年过去了，作为校长的我还做着班主任，同时也做着班主任的“班主任”——我经常培训我校的班主任，我常常给年轻的班主任讲我刚当班主任时候的日子。我告诉他们，正是那时候的成功与挫折、喜悦与忧伤、欢笑与泪水、纯真与苦涩、骄傲与尴尬……以及对这一切的反思，让我对教育对学生对自己的人生有了越来越深刻的认识，我的教育情感也更加丰富，教育给予我的幸福也更加丰厚，并让我走到了今天。

培养学生平等意识的思考与实践

新生进校之初，为加强班集体管理，我与学生们共同制订了《高90级一班纪律管理条例》。《条例》在学习、纪律、卫生、体育等方面对同学提出了明确的要求，而且经我的提议，《条例》对我这个班主任也作了一些规定："凡每月对学生发脾气超过一次，或错批评同学，或利用自习课讲语文，或下课压堂两分钟以上，罚扫教室一次。"于是，有同学感叹道："李老师了不起，竟能把自己放在与我们同学一样的位置上！"我说："犯了错误接受批评与惩罚，谁都应该如此。这没什么了不起。"《条例》实施不久，我便因错批评同学而"犯规"。当天放学后，我二话没说，拿起了扫把，一个人在教室里干得大汗淋漓。这下，在全班引起了"轰动"："李老师太高尚了！"我却真诚而严肃地对学生讲："纪律面前，人人平等。老师怎能例外呢？这跟'高尚'丝毫沾不上边！如果你们老是认为李老师'高尚'，就已经把李老师视为这个班集体中的特殊成员，这是一种缺乏起码的平等意识的表现！"两年过去了，学生们逐渐接受了我的观点，后来我又因各种"犯规"而五次罚扫地，大家都觉得这是很正常、很自然的事了。

由此我们可以看到，在学生心灵深处平等意识是相当淡漠的，而平等意识又无疑是随着改革开放、随着社会主义商品经济的发展而理应让学生具备的现代意识之一，这恰恰又是我们的学校教育长期以来所忽视的。

我们这里所说的培养学生的平等意识，主要是要让学生认识到，现代社会生活要求人与人之间拥有人格上的独立与平等，还要使学生了解社会主义公民之间权利与义务的平等性以及在法律面前的一视同仁，懂得尊重、维护自身与他人权利的道理。努力使学生具备尊重自己，同时又尊重他人，善于交往，善于与人合作，重视各种横向联系的生活态度。

为了培养学生的平等意识，几年来，我在以下四个方面进行了一些尝试：

一、努力创造一个平等和谐的班级人际关系气氛。

我所在的学校是省重点中学，高中面向全市招生，同时我校还为一些厂矿代培学生，所以我班学生成分比较复杂：有城镇同学，也有农村同学；有统招生，也有代培生；有初中就在本校读的学生，也有外校考入的学生；还有转学生、留级生……我多次向学生宣传这样的观点："人与人之间的智力、才能、学习成绩、性格特点、家庭经济情况等等存在着客观差别，但每个人的尊严都是绝对相等的，而且是超越一切价值，无等价物可替换的，它不可衡量，无法估价。因为，同在蓝天下，都是大写的人！老师将对每位同学一视同仁，也希望同学之间能互相尊重、真诚友好、平等相处。"周末，我安排每一位市区同学接一位外县农村同学到自己家做客；假期，我多次邀约不同层次的学生一起外出旅游；平时，我组织学习好的同学为成绩差的同学补课……渐渐地，一个和谐的班级人际关系逐步形成，每个同学都为自己生活在这个集体感到温暖与自豪。一位转学生对我说："到这个班便感到一种真诚的气氛，同学们在学习上互相交流，互相帮助，这在我原来的班是不可思议的！"一位留级生在作文中这样写道："我以前老担心同学们瞧不起我，没想到同学们竟对我这样热情，我真感谢这个班集体！"

在提倡学生之间平等相处的同时，我还注意唤起一些"差生"内在的尊严感。往往有这种情况，对于一位自卑感很重的学生，无论同学们怎样对他友好，他都表现出一种孤傲和冷漠。在这种情况下，同学们的热情成了礼貌，而他的勉强应酬则成了客套。这不是真正的平等精神。因此，唤起部分"差生"的尊严，是使他们具有平等意识的关键。尽管现在的学校教育大多是把学生的尊严只体现在分数与名次上，但是，我们班主任应该善于帮助学生发现并发展他自己独特的禀赋与才能，使他们产生"我有着其他任何人都不可能有的智慧"的自信与自尊：罗达雪成绩不好，但当她以甜美的领唱和出色的指挥使我班的大合唱享誉全市时，她是何等喜悦，而同学们又是多么敬佩她！赵凡学习较差，但当他把自编自演的喜剧小品展现在舞台上时，同学们都称他为"表演天才"！祝明剑的学习名次总是靠后，但每次班里外出活动同学们都忘不了他，因为他是同学们公认的"摄影家"——连他自己最近也在作文中这样写道："别看妈妈总说我不务正业，哼，二十年后，中国的摄影权威说不定就是我！"……这使我想起苏霍姆林斯基的一段话："共产主义教育的英明和真正的人道精神就在于：要在每一个人（毫无例外地是每一个人）的身上发现他那独一无二的创造性劳动的源泉，帮助每一个人打开眼界看到自己，使他看见、理解和感觉到自己身上的人类自豪感的火花，从而成为一个精神上坚强的人，成为维护自己尊严的不可战胜的战士。"而唯有使每个学生都成为这样的"战士"，平等意识才会真正深入他们的心灵，成为理性的认识，而不仅仅是一种礼貌甚至一种敷衍。

因此，一个由懂得自尊与尊重他人的学生组成的充满友好和谐气氛的班集体，是使学生潜移默化产生平等意识的起码环境。

二、建立一种互相尊重、心灵相通的新型师生关系。

最近，有同志在报纸上撰文提出应强化“师道尊严”，理由是“师生关系本身就是不平等的”。我绝不同意这个观点。的确，就社会角色而言，师生之间的教育与被教育、传授知识与接受知识主客体关系是客观存在的，无所谓“平等”。但是，第一，我这里所说的师生平等，主要是指师生在尊严上不分贵贱，人格上互相尊重，思想上互相交流。第二，师生的主客体关系并非是绝对的，在一定条件下也会发生变化。多年的教育实践使我切身感受到：教师与学生的关系是一种互相教育、互相影响、互相感染、互相“征服”的关系。区别仅仅在于，前者的教育、影响、感染、“征服”是主动的，有意识的，有计划的；而后者则是被动的，无意识的，随机性的，因此，师生之间应该是互相尊重、心灵相通的同志与朋友。这种新型师生关系的建立，其意义已远远不仅仅是体现师爱精神和平易近人的教育方法，它的内涵是使我们的教育充满社会主义人道主义精神和社会主义民主精神。而平等意识则是它的最易被学生所感受并接受的外在表现。

乐于保持一颗童心，使自已整个身心都与学生融为一体，是师生平等的感情基础。每位学生生日那一天，我都送上一本小书、小笔记本或一张生日卡，以朋友的身份写上一段热情而风趣的话；每次假期，我都安排一次与学生的长途旅游，或是到深山老林里探险，或是到风景胜地游玩——当我与学生在风雨中饥寒交迫地经过八个小时的登攀进入人迹罕至的原始森林时，当我与学生冒着风雪手挽手登上白雪皑皑的峨眉之巅时……我与学生都油然产生了风雨同舟、相依为命的感情。平时在教室里，在校园，在野外，我与学生嬉笑厮打在一起，更多的时候是我被学生恶作剧一般地按在地上狠狠地“收拾”，眼镜摔碎了，纽扣扯掉了……不少家长、老师不理解我与学生的这些“出格行为”，但我却感到无比的幸福：还有什么比真正生活在学生中间甚至不知不觉地深入了他们的心灵更幸福的呢？学生们也感到幸福：李老师真正是我们中的一员！而这份幸福不只是我奉献给学生的，也不只是学生赋予我的，它是我们师生共同创造、平等分享的。

勤于与学生一起交流认识、探讨问题、争鸣观点，是师生平等的思想基础。平时我总是鼓励学生勇于提出与我不同的观点，提倡平等讨论，以理服人。有一位学生因不同意我给她的作文评语而在旁边写了一大段理由，的确言之有理，我在班上公开表扬她。我写的文章，常常先给学生看，征求他们的意见，即使已发表的教育论文、杂文、诗歌、小说等等，我的学生也敢大胆地发表批评意见。当然，面对学生的模糊认识，特别是一些原则问题，我也会以诚恳严肃的态度和富有说服力的事实，引导学生接受正确的观点。有一段时间，班上一些学生不能正确认识评价毛泽东同志，甚至以嘲笑毛泽东为时髦。于是，我给学生谈我对毛泽东的认识发展过程，给他们分析毛泽东的功过，并读《红墙内外》等文章，不少学生从心底认识到了自己的幼稚与偏激。我之所以愿意与学生平等地交流思想，是因为我始终认为，教师与学生应该是探索真理道路上的志同道合者。

勇于向学生无情地解剖自己，甚至展示自己“不光彩”的一面，会不知不觉地使师生的思想感情真正平等地贴近。令学生“敬而远之”“可敬不可亲”的老师在学生心目中无疑是一尊神像，而这神的形象很大程度上是教师自己塑造的。其实，教师也是人，也有喜怒哀乐，也有自己的个性特点，更不可避免地存在缺点与弱点。但我们在学生面前有时却完美得不可相信。如果我们能够适当地、真诚地给学生展示一下自己丰满而多侧面的形象，那么我们便更容易被学生从心灵上接受。有一年的一堂语文课上，学生们在我毫无思想准备的情况下为我祝贺生日（其实那天并不是我的生日），在响亮而整齐的“祝李老师生日快乐！”的祝贺声中，鲜花、生日蛋糕、手绢、影集、笔记本等礼物魔术一般地堆满了讲台。惊愕之中，我真诚而动情地对学生们说：“李老师不值得你们这样尊敬啊……”于是，我用一些时间谈自己的弱点、缺点和对不起同学们的地方。事后不少同学都说：“李老师敢说真话，真正把我们当朋友看待。”针对一些学生不能正确对待青春期出现的特殊心理现象，我为他们开设青春期讲座，在讲座中，我大胆坦率地讲我中学时代的一些心理与感情经历，以此告诫学生们正确对待“早恋”。为了让学生正确认识爱情，我还向学生讲述了我的恋爱经过，在轻松活泼的气氛中，学生们不知不觉地受到了教育与启迪。

善于变“强迫学生迷信真理”为“引导学生追求”，是在更高层次上体现了师生在思想上的平等，这既是教师本人的教育自信和教育艺术，也是教师让学生形成信念、建立尊重的过程。教师无疑应让学生接受并掌握真理，但这一过程不应只是让学生被动地接受“灌输”，而应该是引导学生选择并追求真理。这样做绝不会削弱我们的教育效果，因为我们应该有这样的两点自信：一是自信至少是大多数学生勇于追求真理，乐于接受真理。二是自信教师本人的教育思想是有真理的科学性，坚信自己真心信奉的马克思主义真理连同自己的赤诚情感，一定会潜移默化地征服学生。我现在所带的文科班，将来相当一部分学生会自觉不自觉地从事教育，但我现在很少公开动员学生报考师范院校，那样做会使不少学生感到“居高临下”的“强迫”意味。然而事实上我随时都在“动员”学生热爱教师职业：我以自己对教育的痴情去感染学生；我常常津津乐道地向学生谈我从教的乐趣与意义；我常常读一些文章，引导学生关心我国的教育事业；最近我还搞了个“模拟实验中学校长竞选”主题班会，让学生畅谈教育改革……这些不露痕迹的引导已初见成效：好些学生已对我表示立志当教师，甚至现在就有学生到我这儿来借苏霍姆林斯基的著作。

三、班级管理变“人治”为“法治”，纪律面前，人人平等。

有人也许会问：“教师与学生如此不分彼此，教师的威信何在？教师又怎样体现出对学生的严格管理呢？学生又会不会服老师管呢？”对此，我的回答是：师生之间深厚的感情纽带只会使教师的威信大大提高，而且这种感情纽带正是教师大胆管理的有利条件，但是教师的大胆管理不应是教师本人“一句顶一万句”的“人治”，而应该是“纪律面前，人人平等”的“法治”，也就是说，教师的权威应转化为集体意志（纪律）的权威。

如本文开头所述，我与学生共同制订的《高90级一班管理条例》便是我班的“法律”。这个《条例》之所以能够成为顺利执行的“法律”，是因为它具有三个特点：广泛性、可行性与互约性。所谓“广泛性”，就是《条例》几乎包罗了班级中经常出现的各种纪律问题，不管班里出现了什么违纪现象，都可以在《条例》中找到相应的处理措施。这避免了班主任个人或轻或重的主观批评。所谓“可行性”，就是《条例》中所有对违纪者的惩罚措施（轻则唱歌、做值日，重则扫地、跑步）都是大家经过反复讨论并一致接受的。这保证了《条例》说到做到，不至于成为一纸空文。

所谓“互约性”，就是《条例》不仅规定了违反什么纪律便受什么惩罚，还明确了“执法者”如“有法不依”而应受的惩罚；《条例》不但对每一位同学作出了纪律规定，也对班干部有明确的要求，而且对班主任也有所制约。这样环环相扣，互相监督，防止了“执法不严”的情况。

《条例》一旦正式实施，便显出其威力。全班同学、学生干部和我这个班主任都极力维护《条例》的权威性，保证《条例》的严格执行。所有违纪情况和处理办法一律由相关“执法者”公布在黑板上：某同学迟到了，学习委员会按《条例》有关规定罚其当一天值日生；某同学没去做课间操，体育委员会“依法”监督其长跑；如果有人违纪而未受到追究，我和同学们便会追究有关班干部，并按班规给予相应的惩罚。

尽管在课堂我与学生可以坦率地争论问题，在课外我与学生可以纵情地疯打嬉闹，但在《条例》面前，大家都不含糊。我有了哪怕一点点失误，学生也不会原谅，而是毫不客气地“依法”办事，我当然也甘愿受罚。我如此认真，学生自然也不敢敷衍。有好几次班上自习课纪律太糟，于是我按《条例》有关规定罚全班同学放学后静坐半小时。对高二学生如此“收拾”可能在有些人看来是不可思议也是不会赞成的，但我班至少大多数学生是心甘情愿的，因为我好几次一个人被学生罚扫地所洒下的汗水毕竟不会白流！

有了这样的《条例》，我便因不需要而主动放弃了班主任个人的“权威”，对于班级管理我所要做的只是两点：带头遵守《条例》中对我的规定，严格按《条例》要求大家。需要特别指出的是，《条例》所体现的无疑是现代社会的“法治”精神，而它之所以得以推行的思想基础，则是逐渐深入我班师生心灵的平等意识。

四、培养学生的主人翁精神，让学生尝试参与社会事务。

与平等意识相联系的，是民主精神与参与行动。教师善于为学生创造一些班级以外的参与活动，不仅能使学生的能力获得锻炼，而且会使学生把平等、民主这些抽象的概念化为实实在在的行动。我班新生进校时，我发动他们给校长写信，就学校建设、教育改革提出自己的意见、看法或建议，开始时学生觉得好笑："这关我们什么事？"于是我给学生讲"学生是学校主人"的道理，既然是学校主人，岂有不关心校务大事之理？学生的信得到了校长的赞扬，而且他们提出的改进伙食、为住校生创造洗澡条件等建议当即便被学校采纳。学生看到自己"不过随便写写"的意见居然变成了现实，主人翁的自豪感油然而生。

在一次班上组织的小组社会调查活动中，有一个小组苦于找不到调查对象，来征求我的意见。我说："到乐山市市长佘国华同志家调查，怎么样？"他们惊讶得直伸舌头，我说："怎么？不敢吗？佘市长是乐山市的市长，是乐山市的仆人；你们是乐山市的市民，是乐山市的主人。主人到仆人那里了解情况还有什么顾虑吗？你们到市长家了解市政建设是很正常的事嘛，佘市长一定会欢迎你们的。当然，市长很忙，你们应事先约一约。"学生们在我的鼓励下果真走进了市长家，佘市长不但高兴地接待了他们，还兴致勃勃地接受了学生的采访，最后学生离开时，佘市长还高度评价了学生关心家乡建设的主人翁精神。最近，因我校外边的街道破烂不堪，给周围的市民、学生带来了许多不便，我班学生又想到了佘市长。于是一封要求整修街道的建议信又送到了市长手中，佘市长读了我班学生的信，极为重视。不久，便当面答复我班同学："乐山一中外面的烂街，一定在今年内开始动工整修！"

当学生通过一次次社会参与活动，亲身体验到主人翁的责任感与自豪感时，他们头脑中的平等意识便不仅仅是一种观念和认识，而逐步成为社会主义新人所应该具有的品质与能力了。

青年班主任怎样提高科研修养

有些青年教师不愿意当班主任，觉得班主任要做那些婆婆妈妈的事，没多大意思。这实在是一种偏颇的认识。人们常说，优秀的班主任就是一名教育专家。这绝不是溢美之词。因为班主任工作之“杂”，正说明需要班主任思考、研究、解决的教育问题之多，这恰恰是班主任从事教育科研极为丰富的宝藏，这也为每一位青年班主任成长为教育专家提供了可能。那么，青年班主任应该怎样结合本职工作提高自己的教育科研修养呢？我的体会是：乐于请教，勇于思考，广于阅读，善于积累，勤于写作。

一、乐于请教

这似乎是老生常谈，但一些青年教师往往不以为然。首先，向中老年班主任以及其他优秀的班主任请教，并不是礼节性的谦虚，而是诚心拜师。特别要强调的是，这种“拜师”不应只是几次交谈或听课，而是长期观察、跟班见习；学习的重点还不在于其具体的做法，而是悉心领会其教育思想和带班艺术。乐于请教，还包括以书信方式向一些有影响的教育专家请教，从而开拓自己的视野，丰富自己的思想，使自己能从教育宏观的角度审视自己的工作，而且还能从专家们的指点中受到鼓励。此外，向学生请教，也是很重要的。这主要是指多在学生中进行调查研究，及时了解他们对班主任工作的评价，听取他们的建议与批评。

二、勇于思考

思考活跃、思维敏捷，是青年教师的特点，也是青年班主任进行教育科研的优势之一。“勇于思考”的含义主要有二：一是不迷信权威。在尊重并继承古今中外一切优秀教育理论与传统的同时，敢于以追求科学、坚持真理的胆识，辨析其中可能存在的错误之处；即使是向当今公认的教育专家学习，也不应不加分析地盲目照搬，而应经过自己的头脑，结合自己的实际情况消化、吸收。二是要善于发现问题。发现问题是研究问题的前提。我们生活在学生中间，每天都会遇到并处理各种各样的教育问题，有的青年班主任对此感到心烦。其实，这正是一个又一个的研究课题向我们源源不断地涌来，班主任研究的切入口也正在于此，甚至对一些似乎已有定论的教育结论，我们也可以根据新的实际、新的理论予以重新的认识与研究，或修正，或补充，或发展。

三、广于阅读

对于有志于从事教育科研的班主任来说，广于阅读的意义在于既可以掌握科研的理论武器，又可以随时了解这一领域内的各种信息。因此，青年班主任无论多忙，都不可忽视广泛的阅读。一般说来，为教育科研而进行的阅读，其内容可侧重于四个方面：一是经典教育理论书籍，包括教育学、心理学、教育史等著作。这是青年班主任必不可少的理论素养。二是杰出教育家的专著。在有了一定的阅读基础之后，我们可根据自己的情况，选择某一位或某几位教育家的著作来作系统阅读，重点研究。三是反映国内外教育研究最新观点、最新动态的教育报刊。阅读这些报刊，可以使我们从别人的研究中受到启发，或者避免课题“撞车”。四是反映青少年学生生活、心理的各类读物，包括学生写的和写学生的散文、小说、报告文学等等。通过这些读物，我们可以从更广阔的范围内了解、认识我们的教育研究对象。

四、善于积累

材料的积累对于教育科研的重要性是不言而喻的。积累的过程就是“采矿”的过程，积累越丰富成果就越丰硕。青年班主任可留心这四方面的材料积累：一是学生的作文、作业、日记、周记等书面材料。当然，不是所有的学生文字都收存，而是注意保存那些最能真实反映学生心灵世界的文字。二是建立“特殊学生档案”。对特优生、“双差生”、有明显特点的学生进行长期跟踪观察，记载他们的成长过程、变化情况、学习状况、社会交往、家庭环境等等。三是班主任本人进行教育实践、实验的有关记录材料，包括班级重大活动，对学生的个别教育、对偶发事件的处理等等。四是对学生进行调查的结果，包括各种数据统计等等。还需说明的是，对这几方面的材料，班主任一定要给予分门别类的整理，以备查用。

五、勤于写作

文字表达也是科研的基本功。一提到写作，有些班主任往往以自己不是语文教师为理由而不愿提笔。其实，教育科研要求的写作能力，主要是内容实在，条理清楚，语言通顺，应该说，这些要求对于经常练笔的青年班主任来说，是不难达到的。“勤于写作”写什么？一是记录自己平时在教育教学方面的思想火花：一次联想、一回顿悟、一个念头、一缕思绪……都可以以随感、格言的形式记下来。二是教育笔记：在班级教育与管理中成功或失败的做法，对“特殊学生”的跟踪教育等等。三是教改实验报告、学生心理调查报告、班主任工作总结等材料。四是根据自己的工作经验或体会写成的有一定理论高度的教育论文。在这四类文章中，前两类一般是写给自己看的，而不是为交流、发表而写，其主要目的既为练笔，也为积累；后两类文字则可以在校内外交流或试投报刊，这是使自己的科研成果被社会承认的一种形式。

增强教育科研修养，当然并不只是青年班主任的事。但无论是从青年教师个人发展的需要看，还是从我国教育者整体素质提高要求看，应该说青年班主任尤为迫切。比起单纯的学科教学，目前我国对班主任工作的科学研究相对薄弱。然而，这恰恰为一切有事业心的青年教师提供了一块大显身手、大展宏图的天地。实践已经证明，结合班主任工作进行教育科研，正是普通的青年教师通向教育专家之路的起点！

班主任的甜蜜“苦差事”

当教师“苦”，当班主任更“苦”，这是不言而喻的。但“苦”中之无穷之乐，乐中之无尽之趣，却不是每一位班主任都能体会得到的。明代学者章溢早就说过：“乐与苦，相为倚伏者也，人知乐之为乐，而不知苦之为乐。”

我们常常会听到一些年轻班主任抱怨：“我整天都围着学生转，从催促早操到检查晚寝，还要找人谈心……忙死了！”是的，如此披星戴月的确比一般任课老师辛苦。但这何尝不是班主任特有的幸福源泉之一呢？与学生朝夕相伴之际，师生感情就更为深厚；与学生促膝谈心之时，师生心灵便更加贴近。比起其他任课老师，我们与学生的接触要密切得多，对学生各方面的关心越无微不至，我们得到的来自学生的爱也越丰厚。相信所有真正热爱孩子的班主任都有过这样类似的经历和体验：当你和学生一起出去郊游时，在纵情嬉戏中，你会感到自己不知不觉走进了学生的心灵，自己也变年轻了；当你重病在床时，最能给你以安慰的，是床前学生的微笑和他们送上的一束鲜花；当学生毕业前夕，在他们依依不舍的眼神里，你会发现，学生最留恋的老师，还是他们平时有些“惧怕”甚至有点“怨恨”的班主任……面对学生爱的回报，作为呕心沥血的班主任，我们会感到由衷的欣慰：也许我们的月收入远不及那些“个体摊”上的买卖人，但我们从事的不仅是太阳下最高尚的职业，而且也是地球上最幸福的事业！因为我们拥有几十颗童心，这是何等优厚的精神财富啊！

当然，对于具有创造精神的班主任来说，他得到的精神财富还不仅仅是来自学生的敬意，更有来自事业的硕果。

谁都希望自己在事业上有所成就，然而现在一些教师（特别是一些刚分配到学校的大学生）都宁愿把这份事业心用于学科教学，而不看重班主任工作；即使当了班主任，也不愿下功夫研究。因为在他们眼中，班主任工作不外乎就是管管纪律，哄哄孩子，要么当“警察”，要么做“保姆”，总之，作为“研究”对象，实在搞不出什么“名堂”。另外从客观上看，班主任工作比起单纯的知识传授要复杂、困难得多，既无现成的教材，也无具体的模式，而且周期长，见效慢，往往辛辛苦苦做了许多事，也很难立竿见影。尤其在前几年忽视思想政治工作的大气候中和目前片面追求升学率的巨大压力下，搞德育研究更为艰难，其收效远不如搞一套高考复习资料来得快……如此种种，使班主任科研长期以来一直得不到应有的重视，也使具有中国特色的“班主任学”至今未能真正建立。

从科研角度看，班主任工作当然很难搞，但正因为“难搞”，它才更具价值。由于种种原因，中国的教育理论相对来说是落后的，而在教育学理论中，德育理论研究又是最薄弱的部分。这使不少教师做起班主任工作来感到“无章可循”、“无本可依”。然而，德育理论的暂时缺乏恰恰为一切有事业心的班主任提供了一块开垦耕耘的处女地，为我们勇敢探索、大胆创新提供了一个大显身手的广阔领域。比起教育的其他方面，德育的空白要多一些，正等待着我们去填补：德育内涵的研究，德育新内容、新途径、新方法、新格局的研究，现代班主任素质的研究，班组管理科学化的研究，集体主义教育研究，商品经济下的德育工作研究，德育效果的科学评定研究，社会主义民主教育研究，社会主义人道主义教育研究……看，班主任工作是一项多么富于实践性、理论性与开拓性的科学事业啊！因此，班主任绝不应该是“警察”或“保姆”，而应是真正的“人类灵魂工程师”，只要我们善于思考、勤于实践、勇于创新，就会比单纯的任课教师取得更丰硕的教育科研成果。当然，还必须说明的是，从事德育研究与从事教学研究并不是矛盾的，二者往往互相促进、相得益彰。从苏联杰出的教育家苏霍姆林斯基，到中国优秀的教育家魏书生，都说明真正的教育家既会教书又会育人，仅仅凭学科教学而成为教育家的，几乎没有！

作为教师，永远面对的是朝气蓬勃的脸庞，这多么令人欣喜；作为班主任，永远面对的是晶莹的童心，这多么令人骄傲；作为教育科研工作者，永远面对的是挖掘不尽的宝藏，这多么令人自豪！献身于这平凡而崇高的事业，一切辛苦都是甜蜜的。正如青年马克思所说：“如果我们选择了最能为人类福利而劳动的职业，那么，我们就不会被任何重负所压倒，因为这是为全人类所作出的牺牲；那时，我们感到的将不是一点点自私而可怜的欢乐，我们的幸福将属于千百万人。我们的事业并不显赫一时，但将永远存在，而面对我们的骨灰，高尚的人们将洒下热泪！”（《青年在选择职业时的考虑》）

教育漫笔

大凡有事业心的年轻人在刚踏上工作岗位时，都热情有余而思考不足，自信“一分耕耘，一分收获”，因而干劲冲天，却很少想过其他——将遇到的挫折、教学规律、教育理论、前人经验等等，只有等几年过去以后，才会冷静下来，就以前所满不在乎的东西进行思索、学习、研究。我更是如此，三年来，我的工作热情虽然自以为丝毫未减，却一天天感到力不从心，越来越外行了。我在教育学生的同时，自己也在受教育——被教育实践教育、被教育对象（学生）教育。我越来越感到：包括我在内的一些教育工作者，在强调更新教育思想、改革教育方法、学习最新的现代教育科学理论的同时，往往轻视或忽视了一些传统的、正统的、古今中外全人类所共有的教育思想的学习和实践。因此，这里我随意漫谈的并不是什么新鲜、独特的思想、观点，而只是我在教育实践中所切身感受到的一些众所周知的前人经验。望能以此与志同道合者一起交流、研究、探讨、争鸣。

一、没有爱，便没有教育

直到现在，我才初步真正体会到了“爱”与“教育”的相互关系以及它所体现的教育科学规律；也只有在这种情况下，我才不得不承认，我以前是把这种师爱不自觉地停留在口头上，并且把这种师爱抽象化了。而教育实践使我现在开始理解这种爱的含义和表现形式。

1. 教育工作者所特有的师爱，首先应是理解学生的精神世界，学会用他们的思想感情投入生活，和学生一起忧伤、欣喜、激动、沉思。

一些教师认为，教师在学生面前固然应平易近人，但不可过分显得“孩子气”，以丧失起码的尊严感。我却认为，只要注意环境、场合，只要把握准学生的情感，教师的任何“过分”的亲切、幽默、嬉戏都不会是多余的，这只会让学生感到：“这老师真有趣！他真是我们的好朋友！”

一段时间，初84级一班的男同学酷爱“斗鸡”，无疑，这是很危险的游戏，于是我下令禁止：“首先这游戏对你们正在发育的身体不利，其次在教室里、校园里一跛一跳实在不雅……”在我看来，学生们应理解我的一片好心，况且我已晓之以理，但在学生看来，我是专横地剥夺了他们的自由，于是，“斗鸡”由公开转入地下，这意味着师生之间已产生了不信任。不久，我们班来到通江河滩郊游，我发现，在我宣布自由活动后，一些男同学互递眼色，像在商量什么，但又不好意思说，我看了一下四周柔软的沙滩，忽然明白了，便大声宣布：“来，请男同学组织一个‘敢死队’，与我‘斗鸡’！”孩子们在惊喜中雀跃起来。当我看到男生们一蹦一跳地向我轮番进攻，最后把我击倒在沙滩上，我感到很舒畅：同学们已理解我了，因为我并未扼杀他们的童心。

是的，我认为教育不应违背儿童的天性。当然，“不应违背”并非一味迁就，而是把童趣引导到正当的途径和允许的范围内发挥，这将会使学生的心和教师贴得更紧。如果教师本人也保持或培养一点“儿童的天性”，那么，就能使师生之间的心灵融为一体。为了培养同学生的感情，我努力准确地记住每个学生的生日，并坚持在学生生日那天送去一个小小的礼物，假期也不例外。参加工作以后的每年正月初一，我都邀约学生带上香肠、小香槟、糕点，一起来到郊外，在欢声笑语、追逐打闹中共度新春佳节。跟孩子们一起捉迷藏、一起“丢手巾”、一起打水仗、一起包抄手……的确是一种享受。

教师与学生在不知不觉中形成的依恋感，有时会产生连教师本人也意想不到的效果。我永远也忘不了1983年11月16日上午第四节课，那天，我即将去医院病休一周，但班上的情况却使我气愤之极：课堂纪律差，教室卫生差，不少人对集体漠不关心，一个鸡毛掸子不知被谁弄断了，却无人过问……在上课开始时，我压住气愤，用悲哀的神态说道：“同学们，我对你们绝望了……两年来，我呕心沥血，换来的却是……”出乎我的意料，全班同学都难过地低下了头，大部分同学竟伏在桌上哭起来，教室里一片抽泣声。我也流泪了。我并未批评哪一个同学，我甚至连一句发火的话也没说，可是每一位同学都感觉到，是自己让老师伤心了，于是他们也伤心地哭了。一周之后，我出院后回到班上，看到教室已被粉刷一新，三个鸡毛掸子插在讲桌上；科任老师反映学生纪律很好（外语老师还不知道这个班一周都没有班主任）；每天读报课，文娱委员毛利便组织大家练歌，准备学校“一二·九”歌咏比赛……这令我欣喜的变化，与其说是靠教育，不如说是靠了爱的感化。

2. 师爱的一个重要内容，是教师应尽量（只能做到尽量）不要伤害学生心灵中最敏感的地方——人的自尊感。

在这一点上，我的教训多于经验。我曾多次苦恼过：为什么我把整个身心都献给了孩子们，可一些学生还是对我很冷淡呢？不久前我和一位学生的邂逅，使我找到了答案。那天，我在校园内碰到了原初84届一班、现高84级二班的付饶。她在我班时，我曾为她花费了大量精力：谈心、补课，不止一次地冒着烈日去她家家访，她呢，也很关心我，初一时，她曾悄悄地把一束鲜花放在我的寝室门外。不料，在那次相逢中，她对我相当冷淡，从仅有的几句交谈中，我甚至分明感到了她对我的反感。最后她以火山爆发般的口气直言道："是的，我对你就是恨……你自以为你是为我好，但是你伤过我的自尊心。你还记得初三时你让我写的那张大字检查吗？"哦，我想起来了，初三时，她违反了学校纪律，我出于严格要求，责令她写了一份检查，并用大字抄出来贴在校园内。当时我觉得这样做很好，因为违反学校纪律的人明显少了，没想到现在……"也许你李老师是对的，'严格要求'嘛，'维护集体荣誉'嘛，可是，我却因此而出名了，'付饶'，全校都晓得了！……"我惊慌于我当时为何没察觉她的思想："你为什么当时不对我说你的不满呢？""要毕业了，我怕你……所以，心里不服还是假装诚恳，写了检查……"之后到现在，付饶每次碰到我都不搭理我，但我却不怪她，甚至还感谢她，因为通过她，我毕竟得到了一个有益的启示：如果我们在无微不至地关心学生的同时，又不知不觉地伤害学生的自尊感，那么，这好比是我们一方面热心播撒师生感情的种子，一方面又在粗暴摧残师生感情的幼芽。

在1984年秋季运动会上，我参加了男子1500米长跑，在我筋疲力尽之际，我听到跑道旁一个胆怯、羞涩的声音："李老师，加油……"人声鼎沸之中，这微弱的一声却震动了我的心弦，这是高84级一班耿梅的声音，她曾被我伤过自尊心。在初中毕业那天，我叫学生给我写一封信，专门提意见，"发泄不满"，耿梅这样写道："李老师，您还记得吧，初一时，有一次我惹您生气，您找来了我的家长，并且当着全班同学的面不点名地说我是'厚脸皮'，当时我不服气地争辩了几句，您便叫我站起来，列举了我‘厚脸皮’的六个标志，同学们都盯着我，我没哭。当然您也许是对的，但您却伤了我的心。”读着这封信，我的内疚之情是难以形容的，我甚至想再教一遍这些同学。我想：如果这些同学记恨我，也是我“罪有应得”！但是，耿梅并未记恨我，并且在我力尽之时送来一股温暖的力量，我怎能不感到惭愧？

“要是付饶也能像耿梅一样就好了。”我常想。但是，我清醒地认识到：我们的教育对象，更多的是付饶，而不是耿梅，因而我也没有理由因付饶而感受到委屈了。

上学期，初84级一班的男生彭涛撒谎了，气愤之中，我把他叫到讲台上，当着全班狠狠地批评了一顿，好多天，这个学生都闷闷不乐，我猛然意识到，我在“杀一儆百”的同时，又刺伤了一个孩子的心灵，我真是“本性难改”！于是，我及时找他谈心，并诚恳道歉。可是，过了不久，彭涛又欺骗老师、家长，他感到自己不可饶恕，李老师将会从严处理，可是我一点也未批评他，更未让全班同学知道此事，只是对他说：“相信你会改正。”果然，这以后他表现得很出色，不仅没有再撒谎，而且多次要求当干部，他向全班同学声称：“我有能力当好干部，请同学们不要小看我！”我想：假如他第二次撒谎时，我又在全班批评他，那么他是绝对不会有现在这种自信乐观、朝气蓬勃的精神面貌的。

因此，我越来越信服这种观点：教师想尽量直截了当地帮助学生改正缺点，把他的缺点公之于众，以使其他学生从中汲取教训，不犯类似的错误，这种方法是最不成功的，因为这无异于开“批判会”，把孩子心灵中最敏感的地方——自尊心、个人尊严、自豪感统统暴露于外，并使之受到伤害，这种教育所造成的损失是难以估量、无法弥补的。

3. 教师对学生的爱，不仅仅是对自己所直接教的学生的爱，还包括所有外班的、其他年级的，甚至是外校的学生的爱。

我曾经有两次出手打学生，而且在打的时候我都认为是出于对本班学生的爱护。一次是因为高84级一班的陈军到我班来捣乱，另一次是因为高84级二班的韦庆春在打篮球时欺侮我班小同学。两次打了学生后，我都认为自己是正义的。不错，老师不能打学生，这是小孩也懂得的道理，但我打的不是学生，是流氓。在这种思想指导下，学校领导多次找我谈心，我都不服气。“要爱学生！”“严格，严格，严而有格。”“你不是在给学生读《爱的教育》吗？”校长喋喋不休地教育开导，我却感到委屈万分：“什么？我不爱学生？……”

我班学生是怎么看此事的呢？当然，大多数同学是支持我打学生的：“就是该打！谁叫他欺侮我们，侮辱李老师呢？”这几乎是所有学生日记的主旋律。但是，也有少数学生直言：“老师无论如何也不应该打学生。”一位同学在日记中写道：“您说您不是他（指陈军）的老师，可是在看见您打人的学生眼中，您当然还是老师。”随着年级的增高，不同意我打学生的人越来越多了，并以不同的方式教育着我，这在毕业那天学生给我的信中反映得尤为突出。

从这个例子可以看出，第一，以厚此薄彼的态度对待学生，并不是真心爱学生，所“爱”的一部分学生，实际上成了班主任的私有物，因而这种“爱”是自私的，与师德是格格不入的。第二，对外班学生的轻视、敌视、任何不负责任的粗暴，同样会在本班学生中损害自己的形象，降低自己的威望，甚至给学生带来不好的影响。

因此，我现在真诚感谢学校领导和不少老师对我的帮助，我应该随时提醒自己：你是中华人民共和国的人民教师，而不仅仅是某班的班主任；你周围所有的少年都是你的教育对象，你对他们都负有同样的爱和教育的义务。

4. 教师以爱来教育学生，其成效如何，主要是看其所教的学生是否也具备了爱他人的良好品质。

爱，既是教育的手段，又是教育的内容。我们对学生充满真挚的情感，这样会使学生乐意接受我们的教育，但如果仅仅限于这一点，那么，师爱的作用还远远未发挥尽。爱的教育最终目的，是应使学生感受到老师无私的爱后，再把这种无私的爱自觉地传播给周围的一切。

我们现在的学校教育，不能说没有进行“爱的教育”，相反，这些教育还是相当轰轰烈烈的：“爱国主义”、“五讲四美三热爱”的作文比赛、演讲比赛、壁报比赛搞得热火朝天，但是，我总感到（恕我斗胆直言）不少学生是在言不由衷地慷慨激昂，这不是孩子们虚伪，而是对于十二三岁的初中生（高中生又何尝不是呢？）来说，这些“热爱”未免太抽象太崇高，在他们眼里，祖国之所以可爱，是因为有“四大发明”、有“九百六十万平方公里”、有“屈原、孙中山”。因此，我固执地认为，不管“热爱”什么，首先要热爱周围的人——爸爸、妈妈、哥哥、妹妹、邻居、老师、同学、旅途上偶然相识的伙伴、路上每一个普通的公民，热爱周围的环境——家庭、校园、家乡的山水、所在的城市街道、自己的宿舍大楼……如果学生对这一切都没有感情，那么，所爱之国又从何而来呢？

因此，我认为，特别是对于初中生来说，德育的起码要求（同时也是最高要求）就是集体主义教育。学生不守纪律、学习松懈、劳动不认真，甚至撒谎，都可以原谅，而对别人漠不关心，则是最不能容忍的。我们很难想象，一个对别人痛苦麻木不仁，甚至幸灾乐祸的学生，会真诚地忠于祖国、忠于人民、忠于我们的共产主义理想。

基于这种指导思想，从初84级一班起，我就有意识地注意对学生进行关心他人、热爱周围一切的教育。我把意大利作家亚米契斯的《爱的教育》作为学生必读的德育教材。我在班上立下规矩：凡是学生病休三天以上，班里必须派人去慰问，病休一周以上，班主任再忙也要亲自去看望。对于那些由于特殊原因，不能经常享受家庭温暖的同学，更应关心。李志英的家在仁寿县，但每当五一节、国庆节和元旦节来临，她都不会孤独，因为有关心她的同学们，在中秋节班里的团圆会上，不少同学还送给她月饼呢！

当然，要叫学生做一两件关心同学的好事，比较容易，但教师的任务是要努力教会学生自觉地关心每一个同学（而不仅仅是关心自己的好朋友）。在初84届一班，我发现姜茹、王琦、彭霞、杨虹几个女同学神情、动作异常，许艳、文丽还在课堂上互递纸条，经我反复调查，原来她们是在"策划"怎样捐款援助伍建同学。伍建是班上极不显眼的男同学，既不是三好生，也不是干部，学习成绩也不是很理想，因为他父亲去世了，家里困难，他便不想读书了。女生们听说后，不顾平时非常顾忌的严格的"男女界限"，积极设法发动全班同学筹款为他缴书费学费，她们在给班长马庆的纸条上写道："这件事一定不要让李老师和伍建知道。"这使我看出学生们高度的自觉性和纯洁的心灵。一位同学在日记中写道："《爱的教育》中，资本主义国家的儿童都知道关心同情别人，我们社会主义新中国的少年更应关心别人，富有同情心。"学生们所表现出来的极其真挚的情感和关心他人的"本能"，是无法用分数来衡量的。

难道我们还担心学生们这种无私的感情不会升华为对祖国的爱吗？学生们初中快毕业了，有同学提出捐款抢救大熊猫，我当然赞成。但是用什么方式呢？叫学生们自愿把钱交到我这里吗？或者叫班干部负责登记捐款者以及数目吗？如果这样，多少会使一些学生碍于面子而不得不交，这也就违背了捐款的初衷了。于是，我放了一个储钱罐在教室里，宣布："愿捐就捐，多少不限、不记姓名。"结果学生们果真没让我失望。我感到无比欣慰，因为同学们捐款都是出于高度的自愿——为了祖国。

这使我想起苏联杰出的教育家苏霍姆林斯基关于爱国主义教育的一个观点，不应该把爱国主义教育当做只是让学生进行"热爱祖国"的作文、演讲比赛的材料，而应该引导学生通过自己的一言一行实实在在地爱祖国。

二、教会学生自己教育自己

在当前的教育改革中，有一个很新颖的观点：培养学生干部的自治能力，让学生自己管理自己。这相对于过去什么都由老师一手包办，无疑是一个很大的进步。但是，我认为，仅仅做到让学生自己管好自己是远远不够的。单纯叫学生自己组织一次活动并不困难，小学生都可以自己商议组织一场相当成功的足球赛。因此，我们的学生政治思想工作的改革，应着眼于教会学生自己教育自己，而干部自治能力的培养，仅仅是达到这个目的的手段之一。

1. 教会学生自己发现自己身上美好的东西，并自觉地将它巩固和发展，以逐步战胜自身的缺点。

我们往往视学生的心灵为未开垦的处女地，而总想在这片不毛之地上播种、耕耘、收获。于是，说教式教育产生了：总是企图在学生"空荡荡"的思想容器里注入些"美好的思想"。其实，至少对初中生来说，他们的心灵中本来就存在着固有的美德因素，因为从幼儿园起，他们就受着来自不同方面的良好教育；到了初中阶段，即使是品德再恶劣的学生，其心灵中也有美好的东西。所以，我们面对的教育对象，绝不是一块处女地，而是一片已经或正在生长着美好幼苗的肥沃田地。教师的责任，在于发现、扶正学生心灵土壤中的每一株幼苗，让它不断壮大，最后排挤掉缺点的杂草。因此，教育工作者面对学生，首先不是“灌输”，而是“发现”；同时也教会学生自己“发现”，自己克服缺点。

初84级一班有个男生韩军，在初一、二年级时，让许多老师头疼：课堂纪律较差，常常说话打闹，当然也有安静的时候——打瞌睡；学习更是懒散，我多次留他补作业直到天黑。他的成绩当然很差，我多次找他谈心，阐述学习的重要性，不厌其烦地家访，这些都收效甚微。但我发现他有个很可贵的品质：劳动极为踏实，从不耍滑头。于是我多次在班上表扬他这个优点，同时又惋惜地对他说：“唉，要是你在学习上也敢于吃苦就好了。”游淑芳老师也经常问他：“韩军，你劳动这么出色，你的学习为什么好不起来呢？”另外，他爱好无线电，但是他家里极为反对，不准他订阅《中学科技》，我对他说：“我支持你爱好无线电，《中学科技》就订在我这里吧。但是，你的学习很差，肯定会影响你这个爱好……”这一切，显然触动了韩军的心灵，渐渐地，在学习上他明显地刻苦起来，早起晚睡地学习，课堂纪律也进步了，最后，在初中毕业时，令人惊讶地考上了重点高中。他学习态度和学习成绩的巨大变化，就足以说明学生是可以利用自己的优势，战胜自己的缺点的。

教会学生发现自己、认识自己的优势，并保持、发展这种优势，不断自觉地战胜自己的弱点，这是思想教育的艺术所在，真正掌握这门艺术，需要终生的探索和奋斗。

2. 让集体舆论影响、促进后进学生的转化。

让学生自己教育自己，既是指教会每一个学生自我教育，也包括让集体中的一部分学生影响、感化、促进另一部分学生的转化。就目前的学校教育现状而言，后者更重要。

我们往往赞美这样的班主任，他总是善于通过促膝谈心对个别学生进行循循善诱的思想教育。不错，个别帮助有时是很有效的，仍值得提倡，但这绝不是最科学的方法。——第一，教师如果把过多的精力花在个别谈心上，以至无暇顾及其他大量的工作，几乎是得不偿失。第二，对一个“顽固不化”的学生多次谈心，往往只能使他的心里产生厌恶、反感，面部表情也越来越满不在乎。我就常常陷于这种“山重水复疑无路”的困境之中。但是，在这种情况下，运用良好的集体舆论，或许会“柳暗花明又一村”，通过学生自己教育自己，往往会收到比个别谈心更好的效果。

初84级一班的王晓莎最让我棘手，她从小失去父母，因而家庭教养极差，而且脾气很怪，对什么都很冷淡，集体观念也很差，我找她谈了几次，她明显地很反感，于是我决定通过同学来影响她。一次，她在校园里随地扔果皮，被罚扫校园，我没有批评她，而是悄悄叫彭艳阳、王小勤几个同学去帮她扫地，以此感化她。我还叫组长多接近她，首先是和她建立感情，然后再引导她参加一些集体活动，比如帮班上抄黑板报，为同学的壁报画插图等。现在，总的说来她对集体已有了明显的热情，这不能不说是受到了同学的影响。

从初84届一班到初84级一班，我都在班里设立了图书柜，书籍、杂志的借阅办法是学生随看随取，自由取书，看后自觉放回书柜。迄今为止，还没有丢失过一本书或杂志。这当然不能说明这两个班的学生都是绝对诚实，几年来，他们中也许有学生产生过偷书的念头，有学生在别处也许有过小偷小摸的行为，但是，我敢肯定，凭着集体强大的正面舆论，也凭着对班集体的热爱，这些学生会意识到：在这个集体小小的范围内，是不应该偷偷地把书窃为己有的。我想：这种风气不是靠对一百多学生逐个谈心所能产生的。

需要特别强调的是，让集体的舆论影响每一个学生，这有一个关键的前提，就是教师得首先设法造就一个良好的集体，离开这一点谈“集体舆论的影响”则成了“无米之炊”。

3. 学生干部的培养，是通过学生的自我管理，达到学生的自我教育。

学生干部自治能力的培养，已越来越引起教师，特别是班主任的重视了。上海一些中学的教改经验证明：让学生自己管理自己，绝不仅仅是为了减轻教师的工作量，而是把这作为学生自我教育的好形式。因此，我们在培养学生干部时，不要仅仅满足于让学生独立组织几次活动或主持几次会议，而应着眼于让学生干部通过实际工作，培养献身精神和进取精神，使学生自己发现自己的能力，从而认识自我，表现自我，让自己的个性得到充分发展，增强对生活的自信心。同时，使学生之间展开平等的道德、纪律教育，并锻炼他们的组织、管理、演说等等能力。

在组建初84级一班第一届班委会时，我先让同学们选出了他们自己满意的正、副班长，然后我宣布由两位班长自己确定、任命班委。由于刚进初中，大家还不熟悉，这无疑给两位班长出了一道难题。因此我决定发动大家自荐，以培养更多人的奉献精神。于是，我以布什为竞选总统穿着印有“请选我当总统”字样的背心长跑宣传，罗马尼亚的中学生如何参加学校管理等为例，教育大家：一个人从小就应有自信心、进取心和为公众、为社会尽职献身的精神，这绝不是出风头和骄傲，而是高尚、正直和勇敢的体现。果然，放学后，三十多位同学拥到班长那里报名。两位班长为了照顾众多的报名者，决定一个委员设两名，每个班委任期两个月，“第二梯队”、“第三梯队”随时准备接替“不称职的班委”！这既是对未任命者的安慰，又是对新干部的警策。13人组成的班委，可谓机构臃肿，但是为了争取连任，干部们不得不挖空心思地没事找事干，于是生活委员卢文昭的“红领巾银行”成立了，宣传委员沈建的小报《鸣蝉》出版了，劳动委员潘芳奕的卫生惩罚条令订出来了，文娱委员罗晓宇的“五线谱讲座”也开始了……总之，新干部的荣誉感和少年儿童的自我表现欲望促使工作的主动性、创造性产生了。

要使学生干部担负起教育同学、维持纪律的重任。我从不要求小干部给我汇报某同学的坏表现（以免造成同学与学生干部的对立），我对小干部们说：“如果同学不守纪律，你们应设法帮助、制止他。动辄告状，是推卸责任的表现。”这样，学生干部不得不去思考工作方法。上学期第二十二周有一天的自习课时间，我来到教室，往日的喧闹竟被鸦雀无声所代替，进去一看，同学们静静地在自习，但有两个学生流着泪站在座位上。无疑，学生干部用罚站的方式镇住了课堂纪律，这在教师看来，是不足取的方法，但是对学生来说，这却是他们自己管教自己的一个大胆创举。我们可以设想，久而久之，不仅是学生干部，就是全班同学也将会意识到，良好的课堂纪律靠我们自己创造。

如果学生具备了献身精神和进取精神，那么，他们会自觉乐意地去组织每一次班级活动，维持班上的好风气，想方设法帮助后进同学，这样，学生干部工作热情的源泉，就由兴趣、表现欲上升为一种义不容辞的责任感了。如果教师善于培养并保持、发展这种责任感，那么，它将会由对一个班集体发展升华到对一个社会、整个祖国的责任感，这——才是我们培养学生自治能力的根本目的。

【整理附记】

这是我参加教育工作后的第一篇教育文章，也是我发表的第一篇所谓“论文”。今天读来，虽然感到文章十分稚嫩，但我仍然十分激动和欣慰——激动于当年的那颗赤诚的童心，欣慰于这颗童心我一直保持到现在。

和孩子一起编织故事

在我校教学楼墙上，有一句苏霍姆林斯基的名言：“每一个儿童都是一个完整的世界。”每次看到这句话，我都会想，这一个个“完整的世界”里，充满了多少精彩的故事啊！

苏霍姆林斯基有一段朴素的话让我怦然心动：“一个好教师意味着什么？首先意味着他热爱孩子，感到跟孩子交往是一种乐趣，相信每个孩子都能够成为一个好人，善于跟他们交朋友，关心孩子的欢乐和悲伤，了解孩子的心灵，时刻都不忘记自己也曾经是个孩子。”

前不久，有一位老师在我的博客上留言，推荐美国2009年的全国年度教师托尼·马伦的获奖感言。“感言”中有几句话让我特别感动——

最优秀的教师有一个共同的品质：他们知道如何读懂故事。他们知道走进教室大门的每一个孩子都有一个独一无二、引人入胜，但却没有完成的故事。真正优秀的教师能够读懂孩子的故事，而且能够抓住不平常的机会帮助作者创作故事。真正优秀的教师知道如何把信心与成功写入故事中，他们知道如何编辑错误，他们希望帮助作者实现一个完美结局。

这里所说的“故事”，并不单指“事件”和“情节”，而是指孩子成长的过程；或者打个比喻形象一点说，这里所说的“孩子的故事”，指的是孩子生命的河流。

这条河，每天都在向前流淌。有时平缓舒展，有时急速湍急，有时汹涌浩荡，有时又曲折回旋……于是，孩子的一生便摇曳多姿或惊心动魄起来。

那么，面对这条河，每一个教师是什么呢？

有时候，教师是泳者，他在水中畅游，被水浸泡着，亲吻着，抚摸着，享受着水的清澈与清凉；有时候，教师是船夫，他被河水托着，悠然自得，欣赏着河面的浪花和两岸的风景；有时候，教师是漂流者，他驾驭着并征服着汹涌的河水，劈波斩浪，一泻千里；有时候，教师还可能是清污者，清除水面的污染物，或者排除河底障碍——如果有必要甚至还可能引导河水改道……

在生命的河流里，教师走进了孩子的故事。这个故事如河水一样不可倒流，而且每一天的风景都不可预知——或令人欣慰，或令人惊叹。故事的原创是孩子，但编辑是教师。如托尼·马伦所说，教师帮助孩子“把信心与成功写入故事中”，为孩子“编辑错误”，并“帮助作者实现一个完美结局”。

作为高明的“编辑”，教师一定要读懂每一个孩子的故事。什么叫“读懂”？我理解，就是陶行知所说：“我们必须会变成小孩子，才配做小孩子的先生。”所谓“会变成小孩子”，就是用童心去感受童心。一个真正的教育者，总是有着纯真的童心，并能够用儿童的眼睛去观察，用儿童的耳朵去倾听，用儿童的兴趣去探寻，用儿童的大脑去思考，用儿童的感情去热爱……对此，陶行知先生还有一段十分感人的话：“您不可轻视小孩子的情感！他给您一块糖吃，是有汽车大王捐助一万万元的慷慨。他做了一个纸鸢飞不上去，是有齐柏林飞船造不成功一样的踌躇。他失手打破了一个泥娃娃，是有一个寡妇死了独生子那么悲哀。他没有打着他所讨厌的人，便好像是罗斯福讨不着机会带兵去打德国一般的怄气。他受了你盛怒之下的鞭挞，连在梦里也觉得有法国革命模样的恐怖。他写字想得双圈没得着，仿佛是候选总统落了选一样的失意。他想你抱他一忽儿而您偏去抱了别的孩子，好比是一个爱人被夺去一般的伤心。”

只有这样，才能真正读懂每一个孩子。

而一般的阅读不同，“读懂”孩子的故事，并不意味着教师仅仅是一个旁观者。不，教育是我们和孩子生命和生命的相遇，因此我们自然而然地进入了孩子的故事，和孩子一起创作，推动情节的发展，并期待着一个完美的结局。生命的交融、心灵的相通，让教师和孩子一起在生活的河流中奔涌、漂流、探险……

同时，教师还是这个故事的整理记录者——用文字留住孩子的成长，也留下自己的成长。教师所记载的故事，绝不仅仅只是故事，里面蕴含着教育的情感、思考、智慧与幸福。因此，这样的写作促使教师更快地成长。

这正是“新教育实验”所提倡的基于实践的叙事写作。不到三年，我年轻的同行们，通过记录自己的教育故事，积累着教育智慧，享受着教育幸福。

我从老师们的教育故事中，读到的不仅仅是智慧，更读到了老师们的教育生活状态：实践、阅读、思考和写作。在我看来，写作不仅仅是单纯的写作，它必然伴随着实践、阅读与思考。它与实践相随，与阅读同行，与思考为伴。实践是它的源泉，阅读是它的基础，思考是它的灵魂。我经常给老师们说："只有做得精彩，才能写得精彩！而且通过精彩地写，可以促使我们更精彩地做！"

读懂孩子，就是读懂教育，就是读懂自己。在这里，孩子和教师已经通过教育融为一体——帮助孩子成长，也是帮助自己成长；成就孩子，也是成就自己。这种师生之间的互相依存又是以故事的方式呈现出来的。从某种意义上说，教育就是和孩子一起编织师生的生命故事，并追求一个"完美的结局"——注意我这里说的是"追求"。实际上，很多时候，我们故事的结局并不完美，那也不要紧，在追求完美的过程中，我们的职业更加精彩，我们的生命更加明媚，我们的人生更加辉煌。

我校老师和孩子们共同创作的故事不仅仅感动了我，还感动了成都市副市长傅勇林老师——我一直称他"老师"，因为他是我就读成都市校长培训班时候的老师。上周，傅勇林老师以副市长的身份来我校调研，说了这样一句话："做一个教师和校长的责任感，在于每个孩子的今天都是不可复制的，教育的严酷和教育的责任，都在于此。"是的，孩子每一天的故事不可逆转，教师每一天的生命也不可重现——教育的严酷与责任都在于此。读懂孩子，并和孩子一起愉悦而谨慎地编织故事，让教师和孩子的生命互相重叠与交相辉映。这是教育的意义和幸福所在。

关于“未来班”的实验报告

从1982年2月至1987年7月，我在自己连任班主任的两届初中班里，运用“未来班”这种班级教育形式，在中学德育内容与方法上进行了一些探索与尝试，并取得了一些成果。几年来，“未来班”这种富有特色的班级教育形式日益引起一些班主任朋友的兴趣与关注。从1984年起，《中国青年报》《少年文史报》《语文报》和《乐山报》曾多次报道“未来班”的事迹。在党中央提出加强中小学德育工作的今天，为了更好地总结交流班主任工作，我把创建“未来班”的一些具体实践汇报如下。

一、“未来班”的创建经过

1. 确定目标。“集体主义教育的实践，首先在于激励学生自由地、自觉地实现集体的目标。——苏霍姆林斯基”1982年2月我大学毕业分配到乐山一中，接任当时初一（1）班班主任，为了对学生进行集体主义教育，使全班形成凝聚力，使班里的每个学生都能感受到来自集体的约束力量，我启发学生们为自己所热爱的班集体提出一个奋斗目标。经过反复讨论，大家一致认为我们班应成为既洋溢着集体主义温暖又充满进取创新精神的富有鲜明个性的班集体。学生们还提出了基本实现这一目标所需要的时间——两年，同时又决定为这一崭新集体取一个响亮的名字，并设计一系列班级标志。

2. 设计标志。我把确定班名、提出班训、创作班歌、构思班徽、绘制班旗的过程，看作是对学生进行集体主义教育和创造精神培养相统一的过程。人人动脑，个个动手，并通过“班名、班训讨论会”“班徽、班旗图案展评”“班歌歌词朗诵会”“最佳班级标志评选”等主题班会充分调动每个人关心集体的热情和创造精神。在这个基础上确定班名为“未来班”，同时还确定了班训、班歌、班徽、班旗。

3. 追求进步。“未来班”应该名副其实，因此，学生们在确定目标、设计标志后，便把成立“未来班”作为一个集体的奋斗方向。大家为之还订了一些具体的条件，由于目标明确，因此一时间班内风貌明显优于过去，大家在各方面自觉严格要求自己，好人好事不断涌现。整个集体朝着自己的目标不断迈进。

4. 成立大会。到了初三，“未来班”的条件基本具备，于是在1984年1月1日这一天我们举行了隆重的“未来班”成立大会。在热烈喜庆的气氛中，唱起了班歌，宣读家长的贺信，老师致辞，同学们互相祝贺勉励，大会还通过了将收到的一笔家长贺款捐赠给北京圆明园修复工程处的决定。最后，同学们表演了自己编写的三幕话剧《相会在未来》。

5. 激励奋进。“未来班”的成立对整个集体是一次极大嘉奖，但班集体还存在着许多不足，离党和人民对中学生的要求还有距离，所以，“未来班”的称号对全班同学又是一种有力的鞭策。“珍惜‘未来班’的荣誉，无愧‘未来班’的称号”，这成了每个学生发自内心的自我警诫。毕业前夕，由学生们自己撰文、自己刻写、自己油印、自己装帧的厚达两百多页的毕业纪念册《未来》，便是三年“未来班”事迹和精神的结晶。

第一届“未来班”毕业以后，我在总结经验的基础上，又开始了在初84级一班建设第二届“未来班”。

二、“未来班”的标志简介

1. 班名：“未来班”

这是在“方志敏班”“海迪班”“希望班”“奋飞班”“雄鹰班”等几十个班名中，同学们经过反复比较讨论后选定的。

最初这个班名的基本含义是：我们是祖国未来的栋梁。后来，小平同志“三个面向”的题词发表后，我们的班名又增添了新的含义：面向未来，全面发展。

2. 班训：“正直、团结、勤奋、创造”

我们把“正直”放在首位，因为这是做一个人最起码的道德品格。“团结”是对整个班集体的基本要求而言，我们希望班集体充满真诚和睦、互相友爱的温暖。学生的主要任务是学习，因此“勤奋”是必不可少的。在学习知识的同时，我们还应面向未来培养多种能力，于是，同学们在班训中明确写上“创造”。

3. 班徽：

我们的班徽由红日（上半圆）、大海（下半圆）和中间的“V”形图案构成。

上半部的红日，象征着可爱的祖国如日初升，充满生机；下半部的大海，既象征着知识的海洋，又隐喻我们宽广的胸怀。中间的“V”图案，既像凌空的海燕，象征着我们沐浴着祖国的阳光，在知识海洋上，在人生的风浪中展翅翱翔、英勇搏击；又像打开的书本，象征着我们对科学不懈的追求；也像乍绽的幼芽，象征着我们朝气蓬勃的生命力；还像英语

victory（胜利）的第一个字母V，象征着未来的胜利一定属于我们!

班徽图案由朱红色（红日）、蔚蓝色（大海）和金黄色（V）组成。红、黄、蓝是三原色，可以调和成无数其他色彩，这象征着我们现在学的知识虽然有限，但只要掌握了扎实的基础知识，培养了多种能力，那么，今后我们所获得的知识、创造的财富将是无限的。

整个班徽呈圆形，象征着全班同学的真诚团结。班徽下半部为W、L、B三个字母，这是“未来班”的汉语拼音缩写。

4. 班旗：红日海燕旗

把班徽图案经过简化（保留红日和海燕的轮廓），用金黄色的丝绸织在鲜红的旗帜上，便成了“未来班”的班旗。

5. 班歌：《唱着歌儿向未来》

歌词由全班同学集体创作，我修改定稿后，寄往北京中央歌舞团，请著名作曲家谷建芬同志谱曲。谷建芬同志收到歌词后再请她的老搭档、著名词作家王健同志修改，最后为“未来班”谱写了班歌《唱着歌儿向未来》。歌词如下：

蓝天高，雁飞来，青青松树排成排，我们携手又并肩，唱着歌儿向未来。老师同学多友爱，心灵纯洁似大海，勤奋学习身体壮，未来之花校园里开。

蓝天高，雁飞来，青青松树排成排，我们携手又并肩，唱着歌儿向未来。圆明园烈火永不忘，雨花台热血胸中澎湃，先烈战旗接在手，我们是奋发的新一代。

蓝天高，雁飞来，青青松树排成排，我们携手又并肩，唱着歌儿向未来。比高山，比大海，比不上我们对祖国的爱，今朝同唱理想歌，明日报国创未来。

三、“未来班”的基本模式

1. 轮流“执政”的干部制度

“未来班”的班委干部都是自愿报名，通过竞选产生的。班委一般成员半学期更换一次，班长一学年更换一次，不得连任。到了毕业时，全班绝大多数同学都已担任过班干部。这种学生干部制度，体现了学生高度自觉的班级主人翁责任感，同时，又有利于学生在竞争中培养自己的创造能力和奉献精神。

2. 宜于竞赛的小组结构

“未来班”的每一个学生小组都是由五六位学生组成的有利于全面竞赛的综合性小组：既是学习小组，也是劳动小组，又是体育小组，还是文娱小组等等。

我在编组时，尽量考虑“人才”（学习、体育、文娱等方面）的和谐搭配，使小组之间的各种竞赛条件尽可能公平统一。实践证明，这种宜于竞赛的小组结构，既有利于小组内同学之间凝聚力的产生、上进心的培养、互助精神的发扬，更有助于整个班级集体主义向心力的形成和进取创造精神的激发，使班集体充满温暖和活力。

3. 发展个性的兴趣社团

除了统一组建的学生综合小组外，为了发展学生个性、培养学生多种能力，“未来班”还有不少课外兴趣社团：“凌云”文学社，小发明组，集邮小组，学生记者组，小剧团，“攀谈社”，小篮球队，小足球队等等。这些兴趣社团活动的时间一般是在午间、周末、星期日或节假日等课余时间。

4. 多元交流的友谊班级

“未来班”先后与乐山市五通桥中学初87级二班、成都市第十二中初

87级三班和北京外国语学院日语系84级一班结成友谊班，把班级建设置于一个更广阔的天地，变思想教育的封闭性为开放性，利用班外的一些积极因素增强班级教育；同时，让学生在与友谊班的交往中增长社会知识，拓展胸襟视野，培养社交能力。

5. 共同享用的集体财物

在班级内部有意识地创设一部分属于大家的共同财物，交给学生自己管理、使用，这也是培养学生集体主义情操的有效方法。在“未来班”，服务性工作都是学生们自愿承担的。三年里，保温桶里的开水是早晨同学们抢着灌满的；小书柜里几百本书，同学们随看随取，看完后放回书柜，直到毕业，250本书一本不少；讲桌上、窗台上的盆花，不时有同学松土浇水，一年四季，鲜艳芬芳。

6. 陶冶心灵的口琴乐团

“未来班”的口琴乐团是颇具特色而全校闻名的。全班每一个同学都是演奏者。学生进校第一天，我便要求全班同学每人必备一支口琴，口琴乐团便这样自然组成了。我常利用班会课或其他课余时间教学生吹奏口琴。到了初三，我班的口琴乐团已初具规模，除了大多数学生的口琴之外，还有两名小提琴手和十来名手风琴演奏者。

7. 独立主编的《未来日报》

《未来日报》是由全班同学轮流担任主编而“出版”的手抄报。从“未来班”正式成立之日起出第一期，以后每天按时“出版”，星期日、节假日也不中断，直到毕业。《未来日报》的统一要求有：（1）一律四开大小。（2）报头必须有班名、班训、班徽图案、主编姓名、期数和“出版”日期。（3）报纸的所有内容均是主编一人撰写，不得有一点转抄。（4）排版、抄写、美工等也由主编一人独立完成。《未来日报》确实体现了学生集体观念与创造精神的有机统一。

8. 记录班史的班级日记

从新生进校的第一天起，便由值日生写每天的班级日记。班级日记有两项基本要求：（1）认真按时完成，不得有缺漏。（2）忠实记下班上的各项成绩、存在的问题以及班内当日发生的各种大事或变化等等。

四、“未来班”的班风特色

1. 充满温暖的大家庭

集体主义精神真正深入了“未来班”同学的心灵。每一位同学都乐于为集体尽一份力量，为他人献一份爱心；同时每个同学都能真切感受到来自集体的激励和温暖。

农村同学伍建因家境困窘打算辍学，当我得知此事时，同学们早已在暗中为他捐集了一笔钱，不仅解决了他的书费学费，还给他买了温水瓶、闹钟等生活用品。彭毅同学一次不慎把饭票丢失了，正在他难过的时候，却发现文具盒里有一些菜票和现金，并附有一纸条：“这是我们的一点心意。请收下吧！未来班同学。”一瓶墨水放在了讲台上，这是王鸿同学献给班上公用的。不久，墨水用完了，又有一瓶出现在讲台上。直到毕业那天，讲台上的墨水都还未用完！1985年5月17日我上语文课时，全班同学突然起立：“祝李老师生日快乐！”在我目瞪口呆之际，鲜花、蛋糕、影集、笔记本、生日卡……魔术般地堆满了讲台。

2. 自我教育的小主人

集体主义与创造精神在“未来班”最突出的体现，便是学生们自我教育、自我管理、自我锻炼的小主人风貌。干部轮流担任、小组全面竞赛等制度激发了学生自治的责任心与创造力，而全班同学头脑中“珍惜未来班的荣誉”的潜意识，则是学生自育的思想基础。

我班的学生干部不但自愿担任、竞选产生、轮流“执政”，而且他们的工作颇具主动性、独立性和创造性。自习纪律的维持、清洁卫生的检查、体育锻炼的督促、文娱活动的组织、学习经验的交流……这一切又无不体现着小干部们的工作能力与牺牲精神。

3. 关心社会的责任感

集体，可以是一个班级，也可以是一个学校，乃至一个社会。随着“未来班”同学集体责任感的不断升华与扩大，他们把关注的目光由一个班扩展到了家乡变化、祖国建设和天下风云。在关心国事，走向社会的实践活动中感受前进中的祖国那充满活力的脉搏，在培养能力的同时尽一份公民义务与责任。

沈建、彭涛等同学在课余对乐山市的黄色小报情况作了调查，然后以“未来班”的名义写了一封后来发表在《乐山报》上的《致全市少先队员的一封信》，号召少先队员们积极抵制黄色读物。宋映容、黄勇等同学写下尖锐的批评文章批评乐山市青少年宫放黄色录像。几天后，青少年宫负责人回信，表示接受批评，停止放映不健康录像。“未来班”的同学还曾夜访乐山市长佘国华同志，了解“七五”期间家乡的建设规划和发展前景。他们还多次组成“捉错别字”小组，走街串巷，然后把搜集到的错别字写成调查报告分别寄给有关单位、商店和报社。学校号召为非洲灾民捐款时，同学们踊跃响应，汪皓同学把刚收到的七元稿费全部捐献了出来。这次捐款，我班是学校捐款最多的班。毕业前夕，大兴安岭的山火又炙烤着同学们的心，“未来班”率先在学校贴出《倡议书》，并在班内进行无记名捐款。三天后班委们把67元捐款寄往大兴安岭。

4. 德智体美的统一体

了解“未来班”的人都说：“这个班的活动特别多！”是的，三年中，为了融德育、智育、体育、美育为一体，“未来班”有计划地开展了一系列丰富多彩的活动。一次次的活动，使同学们的能力得到锻炼，使同学们的个性得以健康发展，使他们在妙趣横生的过程中获得知识与教益。教育者所期待的德育、智育、体育、美育便在这些活动中得以潜移默化。

五、“未来班”的初步成绩

两届“未来班”初中毕业时，升学考试成绩均为本校同年级第一名。两届“未来班”均曾被评为乐山市优秀班集体。不少报刊曾多次报道“未来班”的活动和学生事迹。

“未来班”学生的各种能力明显优于同年级平行班。这在初87届一班尤为突出。三年中，我班学生编演小话剧21场；编录广播剧6部；进行社会调查采访35次；编辑手抄报600余期；全校即兴讲演大赛的20名获奖者中，我班占了5名；在乐山市第二届作文邀请赛中，我班程桦、黄靖代表学校参赛分别获一等奖、三等奖；在《中学生读写》杂志举办的1986年全国中学生“读写杯”作文比赛中，我班黄靖获二等奖；在乐山市举办的青少年小发明比赛中，我班陈晓蕾的“多用量角器”和彭可嘉的“多用圆规”分别获二等奖和三等奖。直到毕业，我班55名学生中，有25位学生在《中学生》《少年文史报》《现代中学生》《中学生读写》等市级以上报刊发表文章27篇。

六、对“未来班”的几点思考

1. “未来班”是我在班主任工作中尝试把德育、智育、体育、美育和谐统一起来的学生教育与班级管理形式。它的灵魂是集体主义与创造精神。而我的理论依据主要是陶行知的“学生自治”理论和苏霍姆林斯基的“和谐教育”理论。

2. “未来班”的建设，体现了教育共性与个性的辩证统一。我认为，作为学校最基本的学生教育单位，班级当然应该在教育目标、教育思想、教育方针上同党和国家的要求保持一致，在教育内容、教育重点、教育计划上与学校的安排相协调，但这绝不意味着班主任的创造力受到了限制，更不意味着班级不应有自己的个性特色。在学校里或班级内，怎样在“共性”中发展“个性”？怎样通过“个性”达到“共性”？——这恰恰最能体现出一名班主任的教育智慧和教育艺术。

3. “未来班”不仅仅是对学生的教育与培养，同时更是对我这个班主任的全面提高。因为“能力只能由能力来培养，志向只能由志向来培养，才干也只能由才干来培养”（苏霍姆林斯基）。如果说“未来班”多少取得了一些成绩的话，这主要不是因为我有什么水平，而首先是因为在搞“未来班”的过程中我始终保持着一种试验、研究、学习的兴趣与态度。我想，所谓班主任素质的提高，主要还是应该在班主任实践中得以实现。

4. 应该破除长期以来事实上存在的“以智育论德育”的观念与做法。德育效果当然在学习上有所反映，但考试成绩和升学率绝不应该是衡量德育的唯一尺度。因为德育中的许多内容现在是无法科学测评的。因此，我认为，在进行德育改革的班级，只要其学习成绩不低于平行班，就应该说其德育改革是成功的。每一位有志于德育改革的教育者应该有这样的教育自信，各级教育行政部门更应树立这样的观念。不然，德育会继续成为智育的影子，广大德育工作者的思想也会继续受到束缚，而学校德育改革更会成为一句空话。

PART2

第二辑　做走进学生心灵的朋友

善于倾听，是一种教育智慧，这里我还要说，这更是一种教育艺术。从某种意义上讲，让学生倾诉而教师耐心聆听（包括听学生对自己的抱怨），这本身就是有效的心灵引导。“此时无声胜有声”，一切尽在不言中。

善待孩子的第一次求助

二十多年前，我第一次乘火车去北京。邻座是一位刚刚中师毕业的女孩子。她听说我是教师，便和我聊起教育。她说得最多的是她的班主任。记得当时她告诉我这样一件事——

我刚进学校时，因为是第一次远离父母住校，很不适应；再加上进入青春期，我感到自己心中有许多苦闷得不到排遣，我实在憋不住了，便找到班主任老师，这是我第一次找她谈心，我想给她倾诉我的种种困惑，期待老师给我帮助。

但是，我的话刚刚开了个头，老师便打断了我的话："你是不是太娇气了点儿？人生的意义在于不断地战胜各种困难。何况你说的这些还谈不上什么困难。当然，对你来说，第一次住校也许是一个很大的困难，但是你应该想想，你的这点儿困难难道比张海迪姐姐还要大吗？"

我至今记得当时这个女孩子对我说起这件事的激动情绪："老师说得对，我的困难的确不如张海迪大，但老师的话根本不能解决我的任何问题！我并不是张海迪呀！从那以后，我再也不找班主任谈心了！”

很难说这位老师不负责任，相反，说不定她是一个很有责任心的老师呢！但这样和学生谈心显然是失败的。她的失败之处在于：第一，她没有珍惜学生对她的信任。学生找老师谈心，不管老师是否能够圆满解决学生的困难，这份信任应该珍惜，这是日后和学生保持心灵交流的基础。第二，她对信任她的学生缺乏尊重，学生的话都还没说完她便自以为是地打断了学生的话，这样的谈心很难说是真正平等的心灵交流。第三，她缺乏对学生的理解。有些在成人看来算不了什么的事，但学生看来却是天下的困难，如果不从学生的角度思考问题，很难真正走进学生的心。第四，她用“原则”取代了对具体问题的分析，用抽象的“人生的意义”取代学生这个具体的困难，用远在天边的“榜样”取代了近在眼前的学生，用看似毋庸置疑的说教取代了富有针对性的开导，于是，学生向她永远地关上了心灵的大门。

应该说，这位班主任还是很想帮助学生的，但因为语言的隔膜便造成了心灵的隔膜。不，准确地说，首先是因为心灵的隔膜才造成了语言的隔膜。

班主任工作中的许多“怎么办”，其实都是通过语言来解决的。正是在和孩子的一次次谈心中，我们的心和孩子的心贴在了一起。当然，也有相反的情况，也许正是因为语言不当，结果班主任不但没有走进孩子的心灵，反而离孩子的心灵更远。

走进孩子的心灵，仅仅靠“真诚”是远远不够的，还得讲究语言技巧。特别是第一次和孩子谈心，更是要特别讲究。因为从某种意义上说，这第一次谈心将决定孩子的心灵大门今后是否愿意为你打开。

高一新生进校一周后，我批阅孩子们交来的随笔。黄微微同学在她随笔的后面加了一句话："李老师，我想和你聊聊。"

这是我最喜欢听的学生对我说的一句话。还有什么比得到孩子的信任更幸福的呢？

我在批语中写道："吃了晚饭到我办公室来吧！"

晚饭后，她来到了我的办公室。

本来是她主动提出要找我聊，但进了办公室，她却没有说话。毕竟是第一次和我谈心，也许她有点紧张。

我知道她找我绝不会只是随便"聊聊"，肯定有什么在她看来是要紧的事需要对我说。但是，第一次和她谈心，我不能够单刀直入，只能慢慢引导她说出心里话。

我先问她新学期感觉怎样，她说还好。我又问班上的情况，她也说挺好，她挺满意的。我问开学几天来有没有不满意的，她说住宿条件还不太满意，主要是新床还有点味儿，另外感到睡眠时间不够。

我很心疼我的学生，看到他们就像看到我的女儿。我对我女儿的睡眠要求很严，必须保证睡眠时间。因此，我便对她说，我争取跟学校领导研究一下，调整一下作息时间。

也许是我的关切让她感动进而觉得我值得信任，她终于开始对我诉说。她对我说她特别恋家，希望我同意她每周星期三回家一次。她说了很多很多，向我说了她的家庭，她的性格，她的生活习惯等等，尤其强调她特别特别想家。

在她倾诉的过程中，我一直静静地倾听，没有打断她的话，直到她说着说着眼泪流下来了。我才赶紧给她找了纸，让她把眼泪擦一擦。

看着她擦泪，我想，她这么想家，连一个星期都不能坚持，那以后读大学怎么办？

看来这是一个比较娇气的女孩子。但我显然不能直接批评她娇气，那样她可能就不会和我继续聊下去了。于是我给她开玩笑：“那以后你考大学最好考西南交大，西南交大离你家最近（她家住在成都万福桥），这样你回家就最方便，呵呵！”她也破涕为笑了。

一个玩笑，不但委婉地表达了我的批评，同时也轻松了气氛，缓解了她悲戚的情绪。

我看她笑了，感觉到可以把话说得直一些了，便说：“你希望每周三能够回家一次，我完全可以同意你的这个要求。但是，这对你成长不利呀！你早晚得离开爸爸妈妈的呀！因此，你还是不要周三回去，而是和大家一样周末回家，好吗？战胜自己！”

她点点头：“好吧！”但眼泪又流下来了。

嘴上同意我的话，但依然流泪，说明她并没有完全想通。这时，我完全可以搬出“学校纪律”来要求她。但是，如果那样，我很可能就堵死了和她交流的心灵通道。既要坚持必要的原则，又不能过于死板。比起坚持学校的纪律，我感到保持和孩子的沟通更为重要。再说，同样是平时不回家，她是迫于外在的纪律呢，还是出自内心的自律？表面结果相同，但背后却是完全不同的教育境界。

于是我说：“这样吧，我同意你每周三可以回去一次，但你自己控制好自己，如果能够不回去最好。如果到了星期三你坚持不回家，第二天早晨起来你会非常自豪，因为你战胜了自己。当然，如果你忍不住想周三回去，也没有什么，你就回去吧！然后第二个星期又开始考验自己。我觉得，如果是因为我不准你回去而你没有回去，这并不能算你自己战胜了自己；只有当你可以回去却不回去，这才是了不起的。你尽量试试看能否战胜自己，好吗？”

她又点了点头，说："其实，这个星期我就没有回去，已经六天了，我从来没有这么久不回家。"说着她有些自豪地笑了。

"就是嘛！"我鼓励道，"你完全可以战胜自己的！祝你成功！"

三周后，黄微微对我说："李老师，我已经连续两周只在周末回家了。我现在终于坚持下来了！"

对她来说，通过这次谈心，收获的是"战胜自己"的忠告；对我来说，和她谈心，收获的是她对我的信任。在以后的日子里，黄微微一直对我很信任，愿意在随笔中给我谈心，每次看她的随笔，我都能得到一种源于信任的幸福。

假设一下，如果她来找我的时候，我不是先给她聊其他的而是急躁地追问："有什么要对我说的？怎么不说话呢？快说呀！"在我的追问下，她吞吞吐吐地说出了自己的困难和要求，然后我语重心长而又严肃地和她谈"学校的规定"，谈"坚强"谈"毅力"，那么，我不但不能解决她的困惑，反而会让她从此不再主动向我谈心倾诉。

孩子不愿意找老师谈心，这是我的教育中一直努力避免的结果。

还是接着分析和黄微微的那次谈心。那是一次非常普通的谈心，但正因普通，所以蕴含着一些走进孩子心灵的普遍原则——

发自内心地尊重孩子。这是成功谈心的前提。可以想象，孩子第一次主动找老师谈心，一定有过犹豫甚至有过思想斗争，如果不是遇到了困难，孩子一般不会主动找老师的。因此，在这里，"尊重"首先应该体现于对孩子善解人意的体贴与关切。当孩子叩开老师的办公室的时候，作为班主任我们应该意识到，这是一颗心对另一颗心的求助，我们应该以真诚的眼光给孩子以心灵的安全感，进而自然而然向我们敞开心扉。

要善于倾听孩子的诉说。在一些班主任的眼里，所谓"谈心"就是

"老师谈，孩子听"。其实，优秀的班主任首先应该善于倾听。必须摆正师生关系，不能仅仅把师生关系看成是教育与被教育的关系；还应该认识到，师生同时也是平等的朋友。虽然就学科知识、专业能力、认识水平而言，教师一般来说远在孩子之上，但就人格而言，师生之间是天然平等的。教师和孩子不但在人格上、感情上是平等的朋友，而且也是在求知道路上共同探索前进的平等的志同道合者。既然是平等的朋友，那么当朋友向我们诉说的时候，我们当然应该耐心地倾听，并用温和的眼神鼓励孩子畅所欲言，一吐为快，通过"倾听"走进孩子的心灵。没等孩子说完便自以为是地打断孩子的诉说，这样的老师不可能赢得孩子的信任。

要站在孩子的角度理解孩子。成长中的烦恼，也许在成年人看来微不足道，但在孩子看来，却是天大的事。面对孩子的倾吐，班主任的任何不屑或不以为然都是对童心的亵渎。对孩子的理解，不是从成人的角度去理解，而是以一颗孩子的心去理解。陶行知多次告诫教育者："我们必须会变成小孩子，才配做小孩子的先生。"所谓"会变成小孩子"，我的理解就是教师要尽量使自己具备"孩子的心灵"——用"孩子的大脑"去思考，用"孩子的眼光"去看待，用"孩子的情感"去体验，用"孩子的兴趣"去爱好！

多提建议，避免训斥。既然是孩子，他们的观点就不可能都是正确的，他们的想法也不可能都是成熟的，这需要老师的引导，否则便是老师的失职。但是这里的"引导"，不应该是不着边际的空洞说教，更不应该是居高临下的训斥，而应该是切实可行的建议。如果我们承认教育的对象是活生生的人，那么教育过程便绝不仅仅是一种技巧的施展，而应该充满人情味；教育的每一个环节都应该充满着对人的关切，应该体现出民主与平等的现代意识。在谈心过程中，如果我们能够和孩子一起分析并商量解决问题的办法，孩子就会不知不觉把我们当做朋友进而更加信任我们。

教育是心灵的艺术。苏霍姆林斯基曾这样谆谆告诫教育者："请记住，教育——首先是关怀备至地，深思熟虑地，小心翼翼地去触及年轻的心灵。"按我的理解，这里所说的"触及年轻的心灵"自然包括教师和孩子的谈心——"关怀备至"说的是"细心"，"深思熟虑"说的是"慧心"，"小心翼翼"说的是"耐心"。如果面对孩子的第一次求助，我们能够表现出"关怀备至""深思熟虑"和"小心翼翼"，我们就能真正成为孩子精神成长的帮助者和引领者，并继续赢得孩子第二次、第三次乃至永远的信任！

做一个善于倾听的朋友

在上一篇文章里，我谈到要善于倾听孩子的诉说，提出要通过倾听走进孩子的心灵。所谓"通过倾听走进孩子的心灵"，意思是说，只有耐心地倾听才能赢得孩子的信任，并通过倾听了解孩子的想法，进而给他提供有效地帮助。在这里，倾听是一种手段，目的是赢得信任，了解情况，提供帮助。

但是，倾听并不仅仅是手段，有时候也是目的。往往有这种情况，孩子来找老师，并不一定非要老师给他以具体的帮助不可，他只是想把老师当做一个倾诉对象，排遣一下心中的苦闷而已。

课间，办公室门被推开了，进来了一个小姑娘。她有些羞涩但也不失大方地问我："李老师，您是初一（13）班的副班主任吗？"

我说："是呀！"现在我虽然身为校长，但在两个班担任了副班主任，主要任务是和同学们谈心。

她说："我现在面临一个困难，想找您谈谈。"她一本正经，俨然一个小大人。

我说："好呀，你有什么困难？"我放下手中正在备的课文，专注地看着她。

可是她却犹豫了，停了好一会儿不说话。

我问："怎么不说了？有什么顾虑吗？"

她说："我怕，我怕人家说我打小报告。"

我笑了："别怕。你找校长谈心怎么是打小报告呢？这是'大报告'！呵呵！没事儿，有什么尽管说，我会为你保密的。"

听了我的话，她终于说了："刚才上体育课，几个同学说我坏话，很难听的坏话。我很难受……"说到这里，她说不下去了，眼睛里满含泪水。

我说："别着急，慢慢说。"

她于是给我详细说了那个同学怎样骂她。我问她，那个同学为什么要这样呢？她说前段时间她和一个同学闹矛盾，这个同学便四处说她的坏话，挑拨离间，所以好多同学也都跟着那个同学说她的坏话。她滔滔不绝地给我说了很长时间，很激动的样子，脸都涨红了。

她说完以后，我说："我去找那个同学谈谈，好吗？"

"不！"她摇摇头。

我问："为什么？"

"如果你去找她，她会说我找校长告状，会加倍骂我的。"

我又问："那你找我干什么呢？你需要我帮什么忙呢？"

她说："不需要你帮忙，我就想和你谈谈，我觉得你是一个好老师，我说出来心里好受些。现在我心里已经不那么难受了。"

那一刻，我很感动。

我说："这样好不好，我抽时间去你们班上给同学讲讲尊重别人的道理。"

她说："好的。但你不要点名批评那几个同学。"

我答应了她："好的。我不点名，只说不尊重同学的现象。"

"好的。谢谢李老师！"说完，她走了。

这次谈话，我主要是在倾听孩子诉说。这种谈话绝不能只是教师一人的"苦口婆心"或"语重心长"，而应该是尽量让学生诉说、倾泻，教师则当听众。心理学认为，一个人将悲伤、委屈、苦闷等抑郁之情通过向自己信任的人诉说而合理地发泄出来，可求得心理平衡，保持心理卫生。因此，以倾听为主要目的的个别谈话应诱导、鼓励学生滔滔不绝、一吐为快。学生通过倾诉，把内心深处的困惑、焦虑、积郁、愤懑、悲伤等等表达出来，老师则以诚恳的态度仔细聆听，并通过眼神和点头、蹙眉等体态语言告诉学生："我是理解你的，你也完全可以信任我，我愿意分担你的一切苦闷！"从而使学生无所顾忌地继续讲下去。

"倾听"往往被当做"听见"，这是一种误解。"倾听"的"倾"不仅仅包含有"真诚"的含义，还有"细心""专注"的意思，这就绝不仅仅是用耳朵听其音，还包括用脑子辨其义。常常说班主任要"学会倾听"，那么怎样才算"学会倾听"呢？一般来说，"学会倾听"至少有两层意思，一是出于一种礼貌或者说对诉说者的尊重，在听别人说话的时候，要用心，细心，耐心，就是我上篇文章中所说的不要武断地打断孩子的诉说。这是教育者应有的起码的修养。二是要“会听”，所谓“会”就是要善于边听边想，思考别人说的话的意思，能记住别人讲话的重点和要点，或者一边听一边分析，通过“前言”推出“后语”，通过谈吐洞察内心。这是一种技巧，更是一种教育的智慧。

曾有一位高一女生在作业本后面写了一句话：“李老师，最近我很郁闷，想找你聊聊。”得到这样的请求，对我来说是一种幸福——作为教师，能够得到孩子真诚信任当然是一种幸福。于是，下午放学后，我请她到我办公室：“有什么需要我帮助的？”

她说最近上课心不在焉，总不能集中精力，莫名其妙地心烦意乱，也不知是什么原因。我问是不是最近遇到什么困难了，她说没有明显的困难。我又问是不是和同学或者家长闹别扭了，她说也不是。我问：“那究竟是为什么呢？”

她苦笑了：“我也不知道。所以我才来找您聊，想请您帮我分析一下原因。”这可把我难住了，我一时说不出话来。

她接着说：“总觉得心里有事儿，但说不出来，上课常常发呆，下课又后悔，晚上有时候还失眠。”

那一刻，我真感到有些无奈，因为我不知道究竟是什么原因造成了她的烦恼。但有一点我很明确，她的确有着自己也道不明的烦恼，她找我未必是要我一定给她分析出原因，更多的是想找个信任的人倾诉而已。于是，我决定放弃追问原因，就和她随意聊聊，说不定在她放松聊天的过程中，我能够有所发现。

可是，从哪儿开始引导她畅所欲言呢？她刚才说到“失眠”，我打算就从这切入，把话题拓展开去。我说："哦，我的睡眠也不好，也是从高中开始就失眠了。我当时失眠是因为我在外地读书，很不适应环境，而且想家。"这是一个远离家乡长期住校的女生，我不动声色地想引起她的共鸣。

但她却并未产生我期待的"共鸣"，而是说："我倒不十分想家，因为我初中就开始住校了。再说，进了高中我感觉这个班也挺好的。"

我顺势抛出一个很大的话题："好在什么地方呀？进高中已经快一学期了，都有哪些感觉呀？"

她终于"上当"了，开始滔滔不绝地和我谈了一学期以来的高中生活，我基本上没有插话，一直非常专注地捕捉她话语中的信息。她谈到高中后学习难度的陡然增加，谈到寝室里同学的互相帮助，谈到高中老师和初中老师的不同，谈到运动会和歌咏比赛时所感到的集体荣誉感，谈到我们班那次秋游去峨眉山给她留下的难忘印象……在她忘情地谈论这一切的过程中，我发现这些似乎不相关的生活片断中，有一个男生几乎始终贯穿其中，就是她的同桌，我班的学习委员。每次谈到他，她都特别兴奋，我突然想到，听任课老师说，最近她和他走得特别近。这里面会不会有什么别样的东西？我想。

但我依然不动声色，目不转睛地看着她，听她继续滔滔不绝。也许她并没有意识到自己的"失言"，不知不觉同时也是自然而然地暴露了自己都没清醒意识到的"秘密"。

凭着我多年的经验和对她的了解，现在我基本上可以确定，她正被自己也说不清的某种情感所困扰，当然，这种情感也许是朦胧的"两厢情愿"，也许是清晰的"单相思"。青春期的少女，陷入了这样的情感，上课怎不心不在焉？夜晚怎不辗转反侧？

要不要给她挑明，然后予以引导？我在心里盘算着，犹豫着。

这种情况可能是许多班主任常常遇到的难题。解决这个难题的条件是，要看班主任和具体学生的信任度究竟到达了怎样的程度。如果学生对班主任没有足够的信任，而只是一般的关系，我的观点是班主任最好不要挑明，否则可能达不到应有的效果，相反会让学生很尴尬。但如果班主任和该生已经有了高度的信任感，那就不妨像朋友一般坦诚相见。

当时我选择了后者。因为我感觉，这个学生从开学以来，对我都很信任，常常找我聊天，还曾给我写信倾诉她的苦恼；而且这次也是主动约我谈心。我应该用自己的真诚回报她对我的真诚。

所以，等她说完了之后，我微笑着说："我估计你心里有'人'了，这是你烦恼的原因。"

她愣了一下，当然明白了我的意思，红着脸低下了头，小声说："其实也没有明说过，但心里老是……"

果真如此。心里装着一个暗恋的人，但又没有"明说"——还不知道那男生是怎样想的呢！如此一来，这女生能不烦恼吗？而且这烦恼是潜滋暗长的，她自己都感觉不到，只是觉得"说不清"。

接下来我的引导便有针对性了，我和她谈了很久，这之中应该说我引导得比较顺利。再后来，这个女生也发展得很好。这是一个关于"早恋"情感的引导，这里不再赘述。我举这个例子，重点不是说如何引导"早恋"，而主要是想展示一下，怎样才是"倾听"。

当然，并不是每一位学生都能尽快地信任老师并倾诉内心的苦闷，有时由于某种原因，他们不一定愿意直接袒露内心世界，这时，班主任应善于从学生欲言又止的神态或吞吞吐吐的只言片语中，猜度、推测出学生的真正想法。

有一个男生经常和别人打架，有时候是他主动去打别人。一次，他被德育主任领到我办公室，据德育主任说他又在操场欺负人。德育主任走了之后，我让他坐下，问："你有什么要说的？"

凭我的感觉，这个男生对我没有多大的信任感，相反，常常对我很抵触。因此，听了我的话，他看了我一眼，气冲冲地说了一句："我有什么好说的！"然后不屑地把头偏向一边。从他的话和表情中，我感到他可能误解了我的意思。我所问的"你有什么要说的？"被他理解为质问、批评："欺负同学，被现场抓获，你还有什么好说的！"

于是，我平静而略带温和地追问了一句："也许你打人是有原因的，说不定你还有道理，不妨说出来，让我了解一下。"

听了我这话，他把头转过来，似乎有些吃惊地看着我。

我继续说："是的，我真心想听听你的解释。"

火山爆发一般，他开始发泄了。我说他是"发泄"，一点不夸张。当时他的语速很快，情绪激动，说了很多很多。有对事件经过的陈述，有对自己的辩解（当然有合理的因素），更有对老师（包括我）的抱怨……他分明是站在他的角度上看问题，偏激，片面，但是很真实，况且有的话说得还在理，包括对我的抱怨，比如："我欺负过一次同学，结果以后凡是我和别人打架都是我不对，都是我在欺负别人。你们老师就是这样对我有偏见！"

我一直很冷静，他在说，我在想——这里的"想"包括我的反思与自责。那次和他的谈心相当成功。他心悦诚服地接受了我的教育，我也真诚坦荡地接受了他的批评，我和他深厚的情感和高度的信任，就是从那次谈心——严格地说，是从我的"倾听"开始的。

刚才我说，善于倾听，是一种教育智慧，这里我还要说，这更是一种教育艺术。从某种意义上讲，让学生倾诉而教师耐心聆听（包括听学生对自己的抱怨），这本身就是有效的心灵引导。“此时无声胜有声”，一切尽在不言中。

师生可以而且应该成为朋友

最近一些班主任朋友给我来信，对我在《爱心与教育》中倡导的一种充满人性的师生关系提出了质疑：“师生何必成为朋友？”对此，我想谈谈我的看法。

应该说，就“师生何必成为朋友”这句话而言，是没有什么大错的。因为“师生何必成为朋友”尽管有明显的对师生之间朋友关系的否定意思，但毕竟不是百分之百的绝对否定。这句话至少隐含着这个意思：师生是可以成为朋友的（只是“何必成为朋友”即“没有必要非成为朋友不可”）。

如果仅仅是这样，至少我不会再多说什么：我们都认为师生可以成为朋友，只是我认为“应该成为”，而有朋友认为“不必成为”。但是有的老师的来信在很大程度上否定了师生成为朋友的可能性。他们认为要求师生成为朋友的原因是“出于对师生关系紧张而采取的对策”；还有朋友认为，师生成为朋友只是一个“梦想”，也就是说，师生成为朋友不过是一个很美好的梦而已，实际上是不可能成为朋友的。正是在这一点上，我不敢苟同——对此，用不着更多的理论论证，因为许多教育者的实践已经证明，师生成为朋友是可能的。

这里首先涉及对“朋友”含义的理解。有人认为，所谓“朋友”就是彼此无话不说；有人认为，所谓“朋友”就是可以为对方两肋插刀；有人认为，所谓“朋友”就是不但现在是朋友，而且永远是朋友。如此等等。这些关于朋友的理解都是对的，如果按这些标准来衡量，确实很难说师生可以成为朋友，因为谁能保证学生所有心里话都愿意对老师讲呢（我以前看到过一个调查，说学生愿意倾诉知心话的不是教师家长而是同学），谁能保证学生现在与老师亲亲热热但毕业后就一定会经常来看你呢？但是，前面对“朋友”的理解还不是“朋友”的所有内涵。其实，所谓“朋友”就是彼此信任而有友谊的人。而在生活中，朋友之间的这种信任和彼此的感情是有多种层次的。既有生死之交的朋友，也有“君子之交淡如水”的朋友。任何一个人都拥有情感度、亲近度不同的朋友，而且在人生不同阶段会有不同的朋友，人生进入另一个阶段也许某些朋友便逐步退出自己的生活，而另一些朋友又进入我们的生活（明白这点，我们会理解，即使学生毕业后与老师的往来逐渐减少，也不能否认师生曾经是朋友）。我们说的师生之间的朋友关系，显然不同于学生之间的那种朋友关系，也不同于教师与同事之间的那种朋友关系。我认为的师生朋友，就是指师生之间彼此信任、彼此充满真诚感情的朋友。

另外，还必须说明，说“师生成为朋友”，绝不意味着师生只有朋友关系，应该说师生最本质的关系还是教育与被教育的关系。但除了本质关系还有其他关系，比如师徒关系（教育过程中对学生技能的传授和训练就是一种师徒关系）。在某些情境中，还可以成为队友关系（师生组队参加体育比赛）、战友关系（特定情况下并肩作战）等等。但这些关系都不能抹杀师生之间教育与被教育这个最本质的关系。同样，我们在说“师生是朋友”时，也没有否认师生之间的本质关系，更不能把朋友关系看成师生之间最主要的甚至唯一的关系，如果这样，实际上是把师生关系中的“教育”取消了。

我们提倡教师做学生的朋友，绝不是从消极意义上应对师生紧张的权宜之计，更不是把师生建立朋友关系作为整个教育改革的“灵丹妙药”。有朋友正是在这一点上反对“师生朋友”，他们认为，要改革现有教育弊端，应从教育体制入手，怎么能仅仅呼唤“爱心”呢？这真是个误解。谁也没有把改善师生关系作为教育改革的唯一举措，更没有指望只要师生成为朋友了，教育的所有问题都解决了。我在《爱心与教育》中曾经说过：爱，只是教育重要的条件之一，而不是教育本身；指望有了教育爱心，教育就有了一切，是很幼稚也很荒唐的。同样，我们主张师生成为朋友，也绝不是“一友了之”，而是从积极意义上为良好的教育创造更好的条件之一（注意，只是“条件之一”），让我们的教育充满人性。

许多人一提到朋友，就觉得要花许多时间、精力与学生泡在一起。当然，就我个人来说，的确花了相当多的时间与学生泡在一起。但我要说，师生之间的朋友关系是自然而然形成的，而且千万不能一厢情愿，教师自以为是学生的朋友，而学生在心里根本不买你的账，这种朋友是很虚假的。比如，我之所以与学生在原野上摔跤斗鸡，不是因为想以此与他们套近乎成为朋友，而是因为已经和他们是朋友才这样的。另外，与学生成为朋友本质是彼此尊重、彼此信任、彼此平等，其表现形式则完全因人而异，绝不是说只有与学生玩才叫朋友。

提出“师生何必成为朋友”，就意味着持此论者认为师生成为朋友对教育有副作用，即教师成为学生的朋友对教育是有害而无利或者弊大于利。

最近，我也在想这个问题：是不是我没有意识到师生朋友的消极影响？我想，无数优秀教师的教育实践已经证明，师生之间的朋友关系是有助于教育的。如果说有消极效果或者说阻碍教育的话，那很可能是因为教师与学生所建立的朋友关系变了味，成了教师袒护迁就学生的“江湖哥儿们”或“酒肉朋友”。还有一个原因可能是：一些教师特别是青年教师在与学生接触过程中，由于片面理解“朋友关系”而妨碍了自己对学生的严肃教育，所谓“和学生随便了，就没有威信了”。这主要是因为青年教师的教育经验、教育智慧不足所致。我们反复强调：教师是学生的“良师益友”，在做良师时别忘记了做“益友”，在做益友时，别忘记了做“良师”。优秀教师与学生的关系，总是“良师益友”双重角色的和谐统一。（但不妨碍我们在表述时，单独说“教师应该是学生的良师”或者说“教师应该是学生的益友”。）

也许有朋友会反问我：“教师不当学生的朋友一样可以教好书，而且也会是一个称职的教师，为什么一定要提倡做学生的朋友呢？”应该说，是的，如果某教师没有成为学生的朋友（哪怕是感情度最低的朋友）也不妨碍他履行作为教师的基本职责。无论《教育法》还是《教师法》以及所有相关的教育法规，都没有也不会对此作出强制性的“必须要求”。迄今为止，也没有任何老师因为没有做学生的朋友而被处分。因此，提倡教师做学生的朋友，仅仅是提倡而已，不带任何强制，更不是像有的朋友来信所说“谁有权利或者说打着什么旗号要求老师必须做学生的朋友”。正如我们说人应该追求高尚，或者说提倡做一个高尚的人，但并不是要把所有不高尚的人绳之以法。

但合格教师是一回事，优秀教师又是一回事，我们尊重并允许教师对自己的事业提出不同的追求目标。如果有的教师不想做学生的朋友，而只想把教师当成一门谋生的饭碗，只想严格遵守教师规范就可以了，这应该受到尊重，因为如果把提倡当成强迫，必然导向道德专制。但同时，如果也有许多教师不满足于此，还想把教育当成从中体验生命幸福的事业，并在教育实践中，不但传授知识还走进学生的心灵，真诚地与学生交朋友，这也是应该受到尊重的。如果连这样的追求都要受到指责，这种指责是不是也是一种“专制”呢？

苏霍姆林斯基说：“一个好的教师意味着什么？首先意味着他是这样的人，他热爱孩子，感到跟孩子交往是一种乐趣，相信每个孩子能成为一个好人，善于跟他们交朋友，关心孩子的快乐和悲伤，了解孩子的心灵，时刻都不忘记自己也曾经是个孩子。”

陶行知说：“我们希望今后办训育的人要打破侦探的技术，丢开判官的面具。他们应当与学生共生活、共甘苦，做他们的朋友，帮助学生在积极活动上行走。您若变成小孩子，便有惊人的奇迹出现：师生立刻成为朋友，学校立刻成为乐园；您立刻觉得是和小孩子一般儿大，一块儿玩，一处儿做工，谁也不觉得您是先生，您便成了真正的先生。”

也许有朋友会认为，这些论述都太理想化了，一般老师做不到。是的，这的确是师生关系的理想境界，所以我们没有要求教师必须做到。但是，这不妨碍我们每一个有事业心的教师去追求这种并非可望而不可即的理想境界呀！

我们提倡教师应该做学生的朋友，是因为我们的心灵深处一种教育哲学的火炬在熊熊燃烧：这种教育哲学就是人文教育观。

对此，我不妨从理论上再多说几句，虽然也许比较枯燥——

无论是柏拉图时代还是中国的孔子时代，教育学都是包含在哲学之中的，无论从实践上还是理论上，当时的教育更多的是与人的心灵、智慧、美德、情感有关，一句话，是属于“人文”的（“人文”这个词含义太丰富太复杂，这里姑且在比较模糊但大家都约定俗成的意义上用一用）。随着近代科学的诞生，人类进入了知性分析阶段，教育学逐步从哲学母体中分离出来。这是教育学的新生，也同时是它某种意义上的衰落。因为从此，教育开始了对“科学”的追求。夸美纽斯的《大教学论》表现出了教育对科学的痴心，再往以后一直到现在，随着现代科技的发展，教育学逐步被物理学、心理学、数学等自然科学或准自然科学入侵。

有几点是大家都显而易见的：第一，近代、现代和当代几乎世界知名的教育家都同时甚至首先是心理学家或其他自然科学家。这在教育研究上，必然带来注重理性的特点。第二，在研究方法上，几百年来，人们几乎已经习惯了用自然科学方法研究教育，即以当代中国而论，所谓“三论与教育”所谓“目标分类”所谓“教育测量与统计”等等等等。第三，许多教育家（更别说一般教师了）把学生当成物来研究，学生在他们的视野里，是各种生物学意义上的心理现象、脑波或者物理学意义上的信息输入、输出与反馈，等等。第四，在教育内容上，以逻辑化和系统化的科学知识为主，而忽视了对学生进行精神（包括科学精神）的唤醒和培养。第五，在师生关系上，重理智控制而轻情感沟通，把教育过程看成是纯理性的“科学操作”。第六，在教育评价上，更是充满了“科学气息”：一切都是分数，都是量化，都是图表（包括教育学论文也充满了自然科学的各种图表），最常见的就是“德育量化”。

一句话，科学已经统治了教育，而教育在科学化的进程中已经失落——因为“人”已经不复存在！

1955年，52位诺贝尔奖金获得者发表了《迈瑙宣言》，上面写道：

"我们愉快地贡献我们的一生为科学服务。我们相信，科学是通向人类幸福生活之路。但是，我们怀着惊恐的心情看到，也正是这个科学在向人类提供自杀的手段。"现在人们常说"科学是一把双刃剑"，其含义主要是说科学给人类带来环境污染、核威胁等灾难，但我认为，科学还会而且已经侵吞着人类的精神，包括教育！

学者杜时忠把教育学实践和研究从教育哲学上分为两类：科学教育观和人文教育观。这两种教育理念决定了教育者与被教育者（包括教育研究对象）的关系。前一类主张客观，主张教育者与教育对象保持情感上的距离，是"我—它"关系。在这样的教育家（或教育者）眼里，教育是科学，教育实践是科学实验。而后一类主张教育者（研究者）融进教育对象之中，注重体验和心灵的息息相通。这类教育家很少，但不是没有，比如中国的陶行知和苏联的苏霍姆林斯基。

我曾在一篇文章中这样评价这两位真正的教育家：和一般的教育家不同，陶行知和苏霍姆林斯基不是以"学者"或"研究家"的身份去冷峻、"客观"、孤立地研究教育，而是充满真诚的人道主义情怀，把自己的一腔激情洒向他的每一位学生。他们的深情的目光首先对准的是一个个人的心灵而不只是具体的教学环节或手段，他们一生所关注的始终是每一个学生的个性的发展。这就使他们的教育境界远远超过了一般侧重于研究教育技术的教育家，而使教育真正进入了人的心灵的宇宙。

特别需要说明的是，现在世界范围内，唯科学的教育学越来越受到人们的怀疑乃至质疑，因为人们发现，教育不是"科学"！即使从理论层面上说，也不是"科学"，而是"心灵之学"的哲学！当然，这绝不意味着教育实践中不需要采用一些科学手段。这是需要特别说明的。

自从教育向"科学"挺进，几百年来，"人"在教育中失落了！

所以，苏霍姆林斯基说："教育，这首先是人学！"

所以，陶行知说："教育是心心相印的活动！"

也正是在这样的教育哲学理念的支撑下，同时，也是在我教育实践的启迪下，我坚定不移地认为：作为职业规范，我们不强求每一位教师都必须做学生的朋友，但对于把教育看做"人学"的教师来说——

师生可以而且应该成为朋友！

我是孩子最信任的人吗？

中午，三个初二的女孩子敲开了我的办公室："李校长，我们想和你聊聊。"虽然本期没有当班主任了，但我还是非常乐意和孩子们直接接触——这也是我坚持要当一个班的副班主任的原因。三个女孩子向我倾诉了她们在家的遭遇：父母平时只知道打麻将而不关心她们的学习，更不和她们沟通，但如果她们成绩没考好，便会招来父母的打骂。说着说着三个女孩子都哭了。听了她们的哭诉，我给了她们一些开导和建议。最后，她们擦干了脸上的泪痕，微笑着和我告别了。

三个女孩子愿意向我倾吐她们的苦闷，我非常感谢她们对我的信任。可我想到一个问题：为什么她们没有找她们的班主任老师谈心呢？在和她们聊的时候，我问她们这些苦闷去找班主任倾诉过没有，她们说没有，因为不想给班主任说。作为校长，我不便在学生面前过多地谈论她们的班主任，但她们走了之后，我却忍不住思考这样一个问题：她们的苦闷班主任知道吗？

这样的班主任也许不是个别的——

每天天不见亮就来到学校来到教室，和学生一起做清洁卫生，看着学生早自习；然后备课、上课、批改作业；课间操、午休、自习课都陪着（守着）学生；下午放学后，还往往把学生留在教室里反复强调班主任认为应该强调的话，一直忙到天黑才拖着疲惫的身躯回到家里。这样的班主任，抓班级事务可谓巨细无漏，一天下来往往身心俱疲。他们每天都和学生在一起，可是他们却不知道学生在想什么；他们的工作越做越细，可是，他们离学生的心灵却越来越远。他们的好心还不一定能够得到孩子们的理解，相反他们的事必躬亲往往让学生觉得烦——这样的班主任冤不冤呀？

每天都和孩子在一起，却不关注因而不知道孩子的心灵世界；越是认真负责，孩子们越是反感。这是我们现在许多班主任的悲哀之处，甚至是悲剧所在！

注意，我这里用了“悲剧”这个词。这绝不是夸大其词或耸人听闻。对于教育者来说，没有比不了解自己教育对象的心灵世界更为悲哀的了。这种悲哀往往会导致心灵的悲剧乃至人生的悲剧——

20年前，我所在的城市有一个叫宁小燕的高一女生自杀了。我听了这个消息，第一个反应是：她为何自杀？朋友的答复是：“没有原因。”我自然无比惊讶，因此第二个问题油然而生：“这个学生的品行和学习怎样？”答复是：“品学兼优。连续两届市级三好学生，学校团委干部……”我更加惊讶。“没有原因的自杀”，“品学兼优的学生”这两点引起了我研究的兴趣，于是我前往这个女生的学校进行了详尽的采访。我采访了她的老师、同学，并得到了她两年的日记和作文作业，经过半年的研究，我得出结论，宁小燕之死，就法律意义而言，只能由她本人负责，因为她的确是“没有原因”的自杀。但如果探究她思想发展的轨迹，我不得不说，是我们的教育把她推向了绝路——脱离心灵的谆谆教诲（她的日记中多次谈到老师的教育和她心灵的隔阂）、无视学生精神状态的空洞说教（这也可以在她的日记和作文中找到依据）、青春期溢满心灵的苦闷却无处诉说（她曾有很多话想对人倾吐，却始终不愿意也没有找班主任谈心）……

因此我写下一篇9000字的报告文学《她给教育者留下什么“遗产”？》。这篇报告文学在《中国青年报》第一版第二版发表后，在全国引起强烈反响。许多人（不仅仅是教育者，也有不少中学生）参与讨论：我们的教育究竟怎么了？

在热烈的讨论中，我注意到《北京青年报》上一位中学生题为《难道我们的教育真的毫无责任吗？》的文章——

我们的师长，当您千方百计地想把一个孩子教育成您心目中的好孩子时，您必须正视这样一个事实：青少年身心的成长是一个痛苦而复杂的过程。

当他们在黑暗中感到阵阵孤寂之时，当他们在日记中发出莫名的长吟之时，当他们在拥挤的人群里感到恐慌时，当来自内部外部的无形压力向他们慢慢逼来之时……您不要再拿一些硬邦邦的正确的框框去套他们，不要幻想只要让他们明辨是非就可万事大吉。

可不可以使环境宽松一些，可不可以拿您或别人有益的人生经验去疏导他们拥塞的心灵，可不可以不把学生们当做一部部受教育的机器，而是一个个正在通过他人帮助，更通过自己不断努力而逐步形成的“人”……

为了不让悲剧重演，请给他们以自信力和直面现实的勇气和胆略；请给他们一颗健康而有强大生命力的心脏；请给他们一个清醒而有独立思辨能力的大脑；请给他们一种积极而富于弹性的生活态度……

这期待是给予我们的师长，也是给予我们自己的。

把学生当“人”而不是当做受教育的“机器”，这就是孩子对我们的呼唤。

由此我们可以理解苏霍姆林斯基的经典名言：“教育，这首先是人学！”

既然是“人学”，怎么可能不关注人的精神世界呢？

作为“人学”的实践者班主任，怎么可能不是孩子最信任的朋友、走不进孩子的心灵呢？

还是在那场讨论中，一位女中学生来信中的几句话，至今还震荡着我的心灵：“老师讲的，不是我们想的；我们想的，恰恰没人回答！”

20年来，我常常问自己：哪些我讲的是脱离学生心灵的“正确的废话”？而哪些孩子们关注的，或需要我解答的，我却恰恰没有回答？

究竟有哪些学生最急于解答的“恰恰没人回答”？为此，我多年前曾在自己所教的高一新生中进行了一次调查。

调查题：除了学习以外，目前你还有哪些最关心的问题得不到解答？

结果，47名学生共提了106个问题，内容涉及人际关系、心理保健、性知识教育、宗教信仰、职业选择、国际政治、与父母关系、自我评价、社会性风气、男女感情、人格塑造、哲学流派、环境保护、生与死等等方面，而这些几乎全是我们当时学校德育内容的空白！

现摘录其中一些片断如下——

☆好不容易考上重点高中，我却有了一种失落感，茫然不知所措，甚至莫名其妙地自卑，这到底为什么？

☆我很想知道自己在别人心目中是什么样子。

☆近来不断听说有学生自杀，其中好些都是高材生，他们比别人成熟得早，更早接触和认识社会。我想知道，他们成熟得早是否是好事？他们成熟了，有思想，认识了社会，却跑去自杀。而那些成绩不太好、思想不“复杂”的人，却无忧无虑，生活得平稳。究竟谁好？

☆我很想与男同学建立一种非常真诚，但又绝不是爱情的友谊，但又不知道怎样注意分寸，怎样去交往。

☆人为什么要活着？古猿为什么要变成人？人死后是否就要到阴间？人要不死该多好。

☆我常常感到孤独，真想偷偷大哭一场。不知为什么。

☆我感到生活中处处是矛盾，为什么现在我国社会生产发展了，而人与人之间的关系却淡薄了，各种歪风邪气更猖狂了？这到底是社会的进步，还是倒退？

……

一颗颗稚嫩而纯洁的心，竟然承受了这么多这么沉重的问题，该是多么的烦忧！如果这些烦忧憋在心里得不到排遣，那就更加苦恼了；若这些苦恼不但得不到老师的理解而且还受到责怪，那简直就是痛苦不堪了！

一位外地中学生在给我的信中写道：“那么多的政治课、班会课、团组织生活，可从来不愿谈我们关心的问题，我们这些问题一般也不愿问老师。有一次，我憋得受不了，终于鼓起勇气找班主任，他听了我的叙述，便给我讲了一大通‘要有远大理想’‘要有革命乐观主义精神’‘你的苦闷难道还有张海迪遇到的困难大吗’‘看问题要全面嘛’之类的套话，真是烦死人！更气人的是，几天后的一次班会课上，班主任不点名地批评了‘一些同学缺乏远大理想、心理灰暗、思想不够健康’……这不是把我往绝路上逼吗？！……”

面对这位并未走上绝路的中学生，我感到悲哀：莫非我们的教育真的会走上绝路或者把学生的精神世界推向绝路？

老师因自己传授的思想遭到学生反感而十分伤心，学生因自己关心的问题得不到老师的解答而万分苦闷。教育者和被教育者双方都感到离不开对方，然而现在都失去了对方！

这正是德育的危机之一，也是德育的转机所在——作为处于主导地位的教育者来说，回答学生所关心的问题，找回失去的对方，正是改革德育的一个突破口！

任何一位优秀的班主任都是一位出色的“心理学家”。真正有效的教育应该是针对学生个性的教育，这必然要求教师具备发现、发挥、发展学生独特个性的技巧与艺术。因此，教育者必须拥有良好的心理学修养，善于走进中学生的心灵之中，敏锐地感受学生的心理变化，与他们心心相印，息息相通——正如赞可夫所说：“对于一个有观察力的教师来说，学生的欢乐、兴奋、惊奇、疑惑、恐惧、受窘和其他内心活动的最细微的表现，都逃不过他的眼睛。一个教师如果对这些表现熟视无睹，他就很难成为学生的良师益友。”（《和教师的谈话》）唯有这样，我们才能真正以心灵赢得学生的心灵。

班主任最该想的是什么？

应该是——此刻，我的学生在想什么？

越来越多的教育者已经认识到，一个人的成长是一个“自主”的过程——换句话说，学生的成长是教师无法替代的。因此，所谓“教育”，就是为学生的成长服务。这里的“服务”，首先是心灵的服务——孩子在成长过程中有许多困惑需要请教生活阅历比他们丰富得多的长者，并获得有效的辅导；他们有许多意想不到的苦闷，需要有人倾听；他们也有许多成长的快乐需要更多的人分享……而每天和他们朝夕相处的班主任，理应成为孩子成长的辅导者、倾听者和分享者，理应成为孩子最信任的人！

因此，每一个班主任都应该问问自己：“我是孩子最信任的人吗？”如果答案是否定的，那么我们就谈不上任何真正的教育！

近在咫尺的师生通信

几乎每个班主任都遇到过这样的学生：性格内向，不善言谈，虽然对老师并不一定有什么抵触情绪，但面对老师，要么一言不发，要么问什么答什么。常常有老师很苦恼地问我：“遇到这种性格内向的学生怎么办？”

是的，作为班主任，无法与学生沟通的确很苦恼。老师满腔热情地和学生沟通，但学生却“不领情”。其实，我刚才说了，不领情的学生不一定是对老师有什么抵触情绪，而更多的是由青春期特有的心理所致。随着年龄的增长，不少学生对老师、家长逐渐关闭了自己的心灵，小学时开朗健谈的孩子进入中学在大人面前变得沉默寡言了。因此，对于处在青春期的中学生，有时候交谈并不是心灵沟通的最好形式；在这种情况下，书信便成了师生对话的合适途径。对学生来讲（尤其是对一些性格内向的学生），这样做既避免了面谈的局促不安，又能与自己信任的老师进行有趣（与每天见面的老师通信，的确是有趣的）有效的心灵交流。对班主任来说，与学生建立并保持书信联系，意味着赢得了学生的信任，这本身就是一种教育的成功；更重要的是，通过师生书信往来，班主任可以比当面谈话更全面、更真实、更细腻地感受到学生的内心世界及其变化，从而更主动、更准确、更有效地对学生进行心灵的引导。

我第一次和班上的学生通信始于20多年前。洪菁是一个天资聪明、思想早熟、性格内向的学生，但她把周围的一切都看得较灰暗，学习懒散，缺乏上进心。我多次找她谈心，都往往只是我的自言自语，而她却一言不发，最多点点头。像这样的学生，要了解她的真实思想是很难的。考虑到她擅长写作，我便决定在她身上尝试一种新的工作方法——师生通信。

在给她的第一封信中，我谈了与她通信的目的：“进行朋友式的思想交流，以互相理解、互相启迪，同时也进一步提高写作水平。”我有意识地隐蔽了我的教育意图。我还与她商量“约法三章”：“第一，我们既是师生，又是朋友，各自的看法、观点绝不强加于对方；第二，通信是自由的，什么都可以谈，是否继续通信也完全由自己决定；第三，我们的通信是保密的，内容绝不让第三者知道。”信中，我还就她的性格特征、精神面貌、兴趣爱好等谈了我的看法。

一周后，她回信了：“惊讶地收到您的来信，觉得挺好玩的。我当然愿意与您进行这种有趣的通信。读了您的信，我觉得您似乎像小学生一样幼稚而纯真——原谅我的不敬……我想向您声明：我不是个纯洁的女孩子，哪方面都不是！上次您来家访，说我与班上同学一样，是‘心清如水’的孩子。我要向您坦白：我一点儿也不纯洁，我过早地明白了许多不该我明白的事……我想搞好学习，但不知怎样才能获得上进的动力，您能告诉我吗？……”

她向我敞开了心扉，我在欣喜中给她回了信：“虽然你自认为过早地知道了一些不该知道的事，但我认为你的确是纯洁的。因为不纯洁的人不会如此坦率；另外，过早地知道一些事未必是坏事，只要自己思想意识健康，便是‘心清如水’……”

时间一天天流逝，我和她的通信却一直没有中断。谈思想、学习、趣事、苦恼……我并不奢望仅靠通信就使她成为“后进变先进”的典型，但这种真诚的思想交流所产生的潜移默化的教育感染作用是客观存在的。洪菁的精神面貌的确发生了一些可喜的变化：在收到我第一封信的次日早晨竟破天荒地主动为全教室里的保温桶打开水，让大家很吃了一惊；期末语文考试她名列全班之首，可她却主动找到我：“李老师，这道题你少扣了我一分……”

与洪菁通信的成功使我的班主任日常工作多了一项内容，但也因此让我进入了一个鲜活的心灵世界。事实证明，“迫不及待”地想了解学生，或“好为人师”地处处教训学生，学生往往不买我们的账；而俯下身子和学生平等地交流，学生或许会情不自禁地有所思索，有所省悟，有所感奋——这正是当年我和洪菁通信得到的教育启示。正是从和洪菁通信开始，20多年来，和班上学生通信成了我班主任工作的重要内容之一。

怎样与学生保持书信交流呢？

第一，巧妙联系。以了解思想和汇报思想为目的的师生通信，学生是不会欢迎的，因此，班主任发出的第一封信，应避开容易引起学生的反感或误会的内容，从学生最关心、最感兴趣的话题谈起。另外，为了不使学生感到突兀，教师的第一封信还应该选择一个恰当的日子发出：或是这名学生生病在家的时候，或是他正为考试失利难过的时候，或是他的生日那天……总之，只要班主任对学生有充分的了解，他就一定能找到发出第一封信的“借口”，并可以充满信心地等待学生的回信。

第二，内容不限。师生书信联系应建立在双方自愿的基础上，特别是对学生来说，他给老师写信，应完全是出于自身的需要，而不是碍于老师的情面。而要让学生保持与老师通信的兴趣与热情，班主任要特别注意，不应对书信内容有所限制，相反，要尽量让学生有充分的思想自由，不断丰富书信的内容。学生在书信中话题越宽，越说明他对老师很信赖，这样，师生的书信联系便越稳定、越持久。

第三，平等对话。师生在书信往来中双方应该是绝对平等的——在书信中，学生可以向老师咨询，教师也可以向学生请教；教师可以向学生表达期望，学生也可以向老师提出建议。双方可以坦率地讨论甚至可以激烈地争论，但都不应把自己的观点强加给对方。即使教师的回信是目的性很强的教育引导，但字里行间仍然没有任何强迫接受的色彩，仍然只是一种来自朋友的诚恳劝勉。

最初我选择的对象，主要是性格内向甚至孤僻的学生。但随着教育效果的日渐明显，我扩大了学生通信的范围。有一些不便面谈的话题，我便往往通过写信和学生交流。我班筱盈同学和外班一个男生的交往明显超出了正常的同学关系，我觉得必须和她谈谈。于是，我把她请到了办公室里。我打算先和她聊聊别的话题：学习、生活，还有她的父母，等等。可绕了半天我都不忍心直截了当地和她谈那个男生，因为我怕让她难堪。直到她最后离开办公室，我都没有挑破那个话题，因为我已经决定给她写信。

面对信笺，没有了面对面的尴尬，我就很坦率了——

筱盈同学：

我想把你当朋友谈谈我的一些想法。这些想法，本来那天晚上和你聊天时我就想说的，但几次话到嘴边都没有能够说出口，因为我怕让你难为情。但这些话不说我又觉得对你不负责任，毕竟我是你的班主任，该说的还得说。于是我选择了写信这种方式。

既然是朋友，我就单刀直入吧！听说你和外班的一个男生有超越一般男女同学界限的交往，是吗？如果是这样，我就想谈谈我的想法。当然，也可能是有的人过于敏感，误解你了。但尽管如此，我还是可以聊聊这个话题。

……

我和她的书面交流就这样坦然而坦率地展开了。我从各个方面给她作了详尽的分析，整整写了两千字。从此，围绕“早恋”与“战胜自我”这个主题，我们保持了长期的通信，双方都真诚而直率。最后，她终于战胜了自己。同样是言语交流，但对她而言，尤其是对这种话题来说，书面显然胜于口头。

还有一种情况，就是师生发生冲突的时候，双方都处于激动之中，情绪往往失控，而语言往往失当。这时候，我多半终止和学生的“交锋”，强迫自己冷静下来，也让学生静下来思考思考。然后，我会给学生去一封信，冷静理智且有条有理地说明我的观点。

我班周宏宇同学特别顽皮，且不喜学习，特别是不爱上英语课。有一天英语课因为不守纪律，被老师罚站了一节课，课后我找他谈心，批评了他，他表示要改正；可第二天又因课堂捣蛋被任课老师请到我面前。当时，我真是怒火万丈，但我知道此刻我的批评很可能火药味太浓，而适得其反。因此，当时我没有多说什么，只叫他静下来好好想想。

当晚，我给他写了一封长信——

宏宇同学：

……

实话实说，当今天××老师说你又犯错误了的时候，我真想揍你一顿！你应该理解我的心情。你上学期犯了不少错误，我没少批评你，好像在班上也作过检查。但你并没有多大改变。今天我再次仔细分析了一下你的情况，说起来，你也没有什么大的品质问题，无非就是一个“懒”字——学习上懒，生活上懒。另外，你还缺乏毅力。我相信你多次想过要改正懒惰的缺点，但就是坚持不下去。是不是？

……

在这封信中，我给他讲了四个字：“战胜自己！”并用我国第一个音乐指挥博士陈佐湟的故事激励他。

最后我写道——

我想，陈佐湟的故事肯定打动你的。你也许没有他那么高的音乐天赋，但是，你也有属于你自己的独特天赋，你以后完全可以成为杰出的人才，关键在于你现在要成为自己意志的主人，这种意志要体现在每一天的细节中：在教室里，在寝室里，每时每刻你都应该有意识地磨炼自己的毅力，真正战胜自己。什么时候你战胜了自己，那你就开始走向成熟了。

我的意思不是说你以后就不能再犯错误了，不，犯错误是正常的，但是第一，不要老犯同样的错误；第二，犯错误的周期能够越来越长。建议你养成反思的习惯，通过写随笔写周记，反思自己的学习，这样，你一定能够有惊人的进步的。

……

几天后他回信，真诚地向我表示感谢，并说会尽最大努力战胜自己："我会时刻提醒自己。希望我能在李老师的帮助下发生微妙的进步，在微妙的进步中完善自我。"

从此以后，我和他开始了书信交往。我的信当然没有"立竿见影"，但的确触动了他的心灵。后来他也多次犯错误，但我依然充满韧性和耐心地和他保持着通信，一点一滴地对他进行引导、提醒、鼓励。最后，他终于成了一个优秀的学生。

我当然不能夸大师生通信的教育作用，实际上，教育是复杂的，有时候需要多种方法综合运用。但是，对某些学生来说，书信的确是一种最容易走进心灵并影响学生的方式。请各位老师不妨一试。

浅议“早恋”

我班学生已进入初三，我也遇上了往往使教师感到棘手的“早恋”问题，在并不太成功的处理过程中，颇有感触。

一、不是“早恋”，而是“早念”

教育者首先应对这类现象的出现有科学而清醒的认识。漫不经心、不以为然甚至放任自流固然不对，主观臆测、危言耸听乃至如临大敌更不足取。而我们一些教育者之所以失策往往是因为后者。

我不必在此过多引用青春期心理特征的有关资料，我只想提出这样一个看法，就绝大多数学生而言，他们那种“朦朦胧胧的意念、感情”，实在不是“早恋”——“过早恋爱”，而是“早念”——“过早的意念”。我不是在此玩弄文字游戏。真正的恋爱实在脱离绝大多数中学生的实际，而对异性产生一种倾慕、好奇、向往的意念，确实是少男少女们容易不知不觉产生的一种“感觉”。

“的确我有一种朦朦胧胧的感觉。由于我的成绩不太好，她常帮助我，我很感激她，也很尊敬她，我也说不出有什么样的感情，反正我对她有好感。”（摘自一名男生的来信）请看，这种“感激”“好感”“尊敬”连学生自己也说不清是什么样的感情，却往往被教师“一针见血”“明察秋毫”地断定为“早恋”。一旦如此，无论是学生，还是教师，都感到后果是“不堪设想”的了。如果说在教师看来，“悲剧将会发生”，那么，正是教师本人揭开了“悲剧”的序幕。

二、不要把学生想得太坏

我并不主张“教育万能”“感化万能”，对于个别确实思想下流、行为违规的学生，我是力主严肃处理的。但我同时又主张，如果我们真的不得不开除一个学生，那么教育者（教师和家长）都应该反思反思：在这个学生堕落之前，我们对他的无可厚非的“朦胧情”是予以应有的理解和尊重呢，还是一下把这个学生想得很坏而在思想上把他归之为“品质不好的学生”？

初中生产生“朦胧情”，就绝大多数人来说，还是出于一种既幼稚又纯洁，既荒唐又美好，既感到羞涩又感到兴奋，既觉得不切实际又觉得庄严崇高的矛盾复杂心理。教师如果对此予以充分的理解和尊重，学生是会乐意接受引导的，甚至会充满信任地向教师吐露心曲。相反，教师如果把学生想得很坏，那么，学生会警惕地与教师拉开心理距离。这样，教师的任何“苦口婆心”都是徒劳的。

当然，由于习惯势力的影响，不少学生也会因有“朦胧情”而把自己想得很坏，这就更需要教师的抚慰了。“李老师，当我知道我有这种想法时，我感到自己是一个卑鄙下流的小人，甚至有一种犯罪感。想压抑自己的情感，可是，我的努力是徒劳的。李老师，只要您肯帮助我，我一定听您的话！”（摘自一名女生的来信）我同这名学生谈了整整两个钟头，主要是肯定她这种感情的纯洁和美好（这似乎有点“大逆不道”，但确实是减轻她负罪感所必需的），然后再告诉她解脱的办法。过了一段时间，我问她："还在想他没有？"她爽快地回答："不想那些了！"如果当初我也认为她"坏"而居高临下地帮助她，说不定她至今还在"负罪感"中挣扎或干脆"坠入情网"。

这里我想引用苏霍姆林斯基的几段精辟论述："尊重、关怀、细心、掌握分寸等原则在这里具有决定性意义。爱的情感的产生，犹如含苞待放的花朵，它是长成芳香的玫瑰还是带刺的飞帘，这有赖于我们教师的爱护和教育。当然可以把它剪断或连根拔掉，但这样做就会严重伤害一颗敏感的心，一株新发的幼茎就会长成畸形。""对学生的精神生活和他们的隐秘角落采取粗暴的态度，最容易从男女青年的相互关系中驱逐出一切高尚的、有道德的、明快的审美情感，并把爱情的生理本能的一面推到首位，激起不健康的好奇心，使男女同学更加疏远，对交往产生一种难忍的恐惧症。""对待青年男女的爱情持轻蔑乃至嘲讽的态度，恰恰说明教师的教养水平低。"（均摘自《爱情的教育》）

三、善于掌握引导的主动权

当教师忙于找"早恋"者谈话时，他已经当了消防队员的角色了。当然，为了防止学生的感情泛滥而造成严重的后果，"灭火"措施是应该而且必须的。但是，教育的机智在于善于掌握主动权，随时走在学生思想发展、心理发育的前面。而要防止学生的"朦胧情"发展成真正的早恋，那么就必须在学生还不太懂这些、不可能产生这种感情的时候开始做工作。

学生刚进入初三，我分别对男同学、女同学进行了一次题为"珍惜青春、珍重人生"的集体谈心，主要有三个内容：（1）我们的心灵深处可能会发生什么变化？（2）自己怎样认识这些变化？（3）我们该怎么办？我对学生谈心时的第一句话是："从你们进初一起，我就盼望着今天这次谈话。”

的确如此，我刚接到这个班，就有意识地做了大量有助于引导学生安全度过青春期的工作。首先，是设法通过各种活动创造一个精神生活充实、健康的班集体，提倡并鼓励男女同学之间的正常交往，如互相串门、一起旅游、书信来往、结伴回家等等。其次，平时在学生面前对男女方面的问题不回避，正面解释，消除学生对此的神秘感。再次，通过各种方式教会学生爱他人，尊重他人，培养学生丰富而高尚的情感。我曾对学生进行过这样的谈话：“什么样的男子汉最有风度？”“什么是真正的‘东方女性美’？”“伟人的青少年时代是怎样立志的？”等等。

我不同意这种观点：即“早恋”的原因主要是精神上的孤独。实际上，在精神充实的集体中，“朦胧情”往往更容易产生。“一个集体的生活越是丰富多彩，这类问题就越多。”（苏霍姆林斯基）但是，教师如果掌握了主动权，“朦胧情”就不会发展成为“早恋”，而会升华为对自己、对他人、对集体的美好情感。

明白了这一点，就不难理解苏霍姆林斯基关于“需要在他们刚懂得爱情的时候就教育他们怎样去爱”的观点了，更不难理解苏霍姆林斯基为什么要在他女儿14岁生日那天专门给她写一封谈谈“什么是爱情”的信了。

孩子，你为什么要骂老师？

孩子，你今天骂老师了。

当我批评你的时候，你还辩解，说老师怎么样怎么样。我不想听你辩解，原因很简单，今天的事实很清楚，在场的每一个人都可以作证，你的确违纪了，而且造成了恶劣的影响，老师教育你并没有错。退一万步说，不管老师怎么样或者说即使老师怎么样，任何理由都不能成为你骂老师的理由！

我想问你——不应该骂人，说脏话可耻，这是不是从幼儿园开始你就明白的道理？你怎么就忘记了呢？其实，你并没有忘记。如果面对语文考场上关于文明礼貌的作文，你也许会洋洋洒洒写出一篇谈语言文明、谈尊重他人、谈做人道理的漂亮文章。可是，为什么一到真实的生活中，你在文中所赞美的道德却不能成为你的行为准则呢？

还是回到我刚才说的“幼儿园”吧！当你第一次骂人的时候，老师是怎么对你说的？还记得吗？当时你是不是脸红了，感到害羞了？这种做了错事后的耻辱感，就是我们作为人区别于动物的特征之一。可是你现在骂人（且不说你骂的还是老师）居然那么流畅那么理直气壮，而没有丝毫应有的羞耻感，所以我说你在这一点上失去了人性，并不过分吧！你的童心是从什么时候丢失的呢？你想过吗？

当那句不堪入耳的话从你嘴中吐出来的时候，我不敢相信，你模样看起来这么纯真稚气，可嘴里已经储存了这么多肮脏的语言！不少中国人一提起日本人都恨得咬牙切齿，因为一想到日本人，我们就会联想到当年的日本鬼子，想到野蛮，想到兽性，想到烧杀抢掠无恶不作。可是，你知道吗？在日本，人与人之间几乎是不骂人的，日语里几乎没有骂人的话。那年我去日本，一位旅日华侨告诉我，在日语里面，最严重的骂人，就是“八格”，意思是“愚蠢”；日本民族以及世界上许多民族的语言里，是绝没有把人的生殖器作为骂人语言的。不得不承认，仅就语言文明而言，我们是不如我们的对手的。孩子，中华民族的语言的确丰富，可是“丰富”到连骂人的话也“琳琅满目”“博大精深”，这绝不是一种光荣啊！

我知道，在日常生活中有些孩子说出脏话是毫无恶意的，而且他自己没有感到自己是在说脏话，无比恶心的话就那么自然而然流畅地从嘴里说了出来。这种毫无恶意地骂人，或者说不知不觉地说脏话，是最让我感到痛心的！当你，还有其他孩子，无论气愤还是高兴都喜欢或者习惯性地羞辱别人的父母，把人的最隐秘的部位拿来作为辱骂对方的语言时，一个民族因此而蒙羞！

孩子，你这么多肮脏到极点的语言，是从哪儿学来的？是你的爸爸妈妈教你的吗？当然不会，谁的爸爸妈妈会有意教孩子说脏话呢？

那么会不会是爸爸妈妈也习惯说脏话，使你的家庭环境充满着语言污秽，于是，潜移默化中你也学会了说脏话，学会了骂人。别说我冤枉你爸爸妈妈了，也许你爸爸妈妈的确是语言文明的人，可是，如果我真的冤枉了你的爸爸妈妈，这不能怪我，只能怪你，因为我总以为，一般来说，孩子是父母的镜子。孩子的言行往往折射出其父母的文明教养程度。所以，孩子你要注意自己的言谈举止啊，因为这可能给你爸爸妈妈带来光荣或耻辱。

尤其是，你骂的还是女老师，而且在场的还有那么多女同学，在我看来这是难以原谅的！不说下流的话，包括辱骂的话，这是基本的做人道德。姑且让我们降低一点要求吧，那也绝不应该当着女性说下流的语言。

要知道，女性是人类的母亲，因此对女性的尊重，是衡量一个人、一个民族文明程度的标志。当你在辱骂女性的时候，你就是在辱骂你的母亲，你的姐妹，以及你所有的女性亲人。令人心痛的是，你居然就这样做了，而且一点都不脸红！当然，我知道，在你的同学中，有的女同学居然也毫不脸红地说一些下流话，也粗俗不堪地辱骂别人，对此，我悲哀得无话可说。

你也许会说“老师的确做错了”“老师冤枉我了”“老师教育我的方式过分了”……姑且承认你说的这些都是事实吧，可你就该骂老师吗？老师做错了，作为一个懂事的学生，应该采用合适的方式给老师真诚地沟通。

老师不是完人，更不是圣人——这个世界上其实没有完人，圣人也屈指可数，所以希望老师一点都不犯错误是对老师的苛求。老师冤枉你了，这是教育过程中无法避免的。想想，生活中你是不是也有误解或冤枉你的同伴朋友的时候？仅仅是误解，你就可以辱骂老师吗？冤枉你了，课后找老师解释不就行了吗？多大一点事啊，你就非得辱骂老师？

老师教育你的方式过分了，也不能成为你骂老师的理由。第一，老师是在教育你啊，方式也许急躁了些，但也是为了教育你，这片苦心你应该明白。第二，如果不是你做的错事太过分，老师也不至于这么愤怒，是你“过分”在先而把老师激怒的呀！第三，老师在气愤之中，也许没能控制住情绪，教育你的方式有些过分，这当然不妥，但你就应该“以暴易暴”吗？第四，如果说老师情绪激愤导致在批评教育你的时候语言失控甚至行为冲动，你知道这是为什么吗？还不仅仅是你当时犯了错误，还因为你的老师长期处于极度紧张的精神状态中，承受着生活和工作的双重压力啊！

学生们都说自己学习压力很重，可是你们的老师压力更重。也许给你上课的老师，长期带病坚持工作呢！也许因为年幼的孩子发高烧，老师昨晚通宵未眠呢！也许因为年迈的父亲或母亲突然患病住院，昨晚上老师在医院守候了一夜呢！也许老师在你们上课的同时，心里还时不时惦记着自己代课教师的身份什么时候才能转正呢！也许你的老师本来是好心好意为学生，却被不明真相的家长一封匿名信举报到了教育局，她心里正烦着呢！……

如果这些都还只是“也许”的话，那么我下面所说的一定是绝对的真实：职业竞争的刀光剑影，应试教育的血肉横飞，疲于奔命的工作节奏，达到极限的工作负荷，随时意想不到的来自学生的突发事件，面对成绩差的学生长期孜孜不倦地教学却几乎是颗粒无收，日复一日地面对顽劣学生苦口婆心地教育却总是油盐不进，如此等等，让老师的心灵已经不堪重负，你却要老师在教育过程的每一件事上都那么“冷静”，那么“细致”，那么“有耐心”，那么“讲公正”，不能出一丁点差错，这是不是过于苛刻了呢？

如果你了解进而理解了老师的这一切之后，想想自己辱骂老师的事，你一定会羞愧得无地自容。人是有尊严的。所谓“尊严”，通俗地说就是“面子”。失去了尊严，就叫做“丢脸”。骂人、说脏话，是自己损害自己的尊严，是自己丢自己的脸。孩子，我估计你这可能不是第一次，但我希望，你这是最后一次。

PART3

第三辑　民主教育，以人为本

让管理充满人性，核心是对教师的尊重。有的校长往往只把“以人为本”作为对教师的要求，而恰恰忘记了教师也是人。不正常的师生关系往往是不正常的干群关系的延续。没有民主的干群关系，要想有民主的师生关系，无异于缘木求鱼。

岂能如此考评班主任？

最近，笔者听说了这样一条“新闻”——

在某县重点中学的新学期班主任会上，分管校长宣布：“为了加强校风班风建设，也为了增强班主任的工作责任心和班主任工作的实效性，从本期起，班风将同班主任工作考评相联系。具体做法是，平时每班学生的课堂纪律扣分、早操扣分、课间操扣分、眼保健操扣分、清洁卫生扣分、吃零食扣分、迟到扣分，还有运动会名次、艺术节名次、板报评比名次等等，一律与期末班主任奖惩挂钩——分数高者奖金就高，分数低者奖金就低！如果遇到出现打架斗殴等重大违纪情况，班主任期末奖金则‘一票否决’！”

如此管理方式不可谓不严格，然而对班主任来说又不可谓不苛刻。虽然有班主任当即就表示不满，但校长一声“这是学校行政会集体研究作出的决定，谁不服从就请谁下岗”的斥责，大家便敢怒而不敢言，只好自认倒霉：谁叫我是班主任呢！

颇有戏剧性的是，该决定公布不久，学校就发生了两件事——

第一件事是，开学两周后，就有一位勇敢的班主任找到教导处，坚决要求退掉本期硬塞到自己班上的校长关系户学生：“当初校长就说这孩子是某局局长的儿子，因打架斗殴被原学校强令‘休学’，是典型的‘差生’。领导说其他班都不要，因为信任我才放到我班上。我不怕这个学生淘气，我倒愿意与他慢慢磨，但我怕‘一票否决’！”

第二件事是，某班上第一节课的老师渐渐发现，本期早晨迟到人数大大减少，但旷课学生却大大增加，而旷课的学生在第二节课却往往回到了教室！经调查才恍然大悟：原来该班班主任怕扣“班级纪律分”影响“班级荣誉”，便叫迟到学生干脆旷一节课，等第一节课结束后再进学校——因为早晨迟到人数是由学校值周老师和值周班学生在学校大门处统一记录，而旷课情况则是由各班班主任和任课老师掌握。

真是“上有政策，下有对策”！无论是校长还是班主任乃至学生，一时都表现出了无穷的智慧。

据说那位要求退学生的班主任已经被“说服”：“该学生作为特殊情况对待，其违纪情况不与班主任考评挂钩。”而学校早晨的值周也经过“改革”，值周老师至少应有一人须等到第一节课结束后方得“撤岗”，并且政教处派出专人在各班窗外巡视学生课堂出勤率。

学校管理班主任，必然受制于一定的教育评估标准乃至评价体系；而如何科学地管理班主任，笔者认为这堪称“高精尖教育科研难题”，迄今为止不只是笔者这样的普通班主任拿不出完美的答案，而且连许多专家学者也还在苦苦探索。但是，我现在虽然对此说不出“应该”怎样，却可以谈谈“不能”怎样——如此简单地将学生表现与班主任奖金挂钩的做法，愚以为使不得，万万使不得！

我丝毫不否认该校领导的良好初衷——面对日益恶化的校风，他们在无奈之中狠抓班主任队伍建设，并企图向班主任管理要质量；而且，一般来说，班风的好坏的确取决于班主任的工作态度、管理科学和教育艺术——如果班上课堂纪律总是很糟，出操情况总是很差，迟到人数总是最多，卫生红旗总是最少……而班主任却说自己“管理有方”“教育有效”，谁信？从这个意义上说，将班级操行分数与班主任考评挂钩似乎不是一点道理都没有。

但教育是复杂的，比起单纯的学习成绩的提高，学生思想的转化和日常行为的规范更为艰难而且反复多变。我不同意“没有教不好的学生，只有不会教的老师”这种绝对的说法——如果是教师以此自励，我表示敬意；如果有领导以此对教师施压，我表示反感。无论怎样强调教育者的责任心，都不能坠入“教育万能”的泥潭。从纵的方面说，在班主任接手具体的学生之前，学生已经是其家长的“半成品”、小学教师或以前教师的“半成品”，他并不是作为一张白纸出现在班主任面前的；从横的方面来说，学生每天在受班主任教育的同时，也在受其家庭更受社会方方面面的教育甚至“反教育”，他并不是作为静态的物体受教师“雕刻”的，而是同时处在不断的变化之中的。也就是说班主任付出了百分之百的努力，是否能够获得百分之百的成功，是不在自己的胜算之内的。

这种对班主任的考评方式，尤其不利于鼓励班主任“见困难就上”，更不利于班主任善待“差生”（“差生”这个词当然是很不科学的，但约定俗成，我也姑且这样用）。由于种种原因，一个学校总有相对好一些的班和相对差一些的班——而后者必然更容易将班主任“一票否决”。有时，面对一个谁都不愿带的“烂班”或面对一群人人头疼的“差生”，班主任勇敢地接过教育的担子，与其说他有必胜的信心，不如说他有“知其不可为而为之”的勇气，这样的班主任在令人肃然起敬的同时又让人感到有几分悲壮——因为其学生随时都可能“引爆”各种违纪甚至恶性事件的

“定时炸弹”。这样的班主任将付出比其他班更多的脑力和体力乃至更多的牺牲：一次次苦口婆心的谈心、一回回耐心细致的补课、一趟趟披星戴月的家访……而最后的教育效果并不一定就优于其他班，但他们已经最大限度地做到了他们所能做到的一切。如果领导还要以无法预测的“一票”去否定班主任所付出的艰辛劳动，是不是太缺乏一点理解甚至太缺乏一点人情味了？

是的，科学的班主任管理不能没有一定的评价标准和方法。我不是校长，也不是政教主任，但我愿意在此冒昧提出几点关于“评价”的建议，不知可否供决策者们参考——

第一，个性评价。针对班主任不同的个性（能力特点、工作风格等等）进行不同的评价，决不搞一刀切。有的教师喜欢做保姆式教师，可以；有的教师喜欢做牧羊式教师，也可以；大刀阔斧，可以；润物无声，也可以；一天到晚与学生同吃同住同出操同劳动，可以；无为而治放手让学生自己管理自己，也可以……总之，条条大路通罗马，只要把班风搞好，就可以了。

第二，过程评价。这里的“过程”是针对“结果”而言，而我说的“结果”主要是指两个方面的结果：全班的终结性成绩（高考或中考）和某一学生的终结性成绩。前面我强调班风结果，这里我却强调管理教育的过程，二者并不矛盾。一个班或某一个学生的最终成绩，取决于多种因素（最起码的就是原有基础，不然为何会有生源大战），不管三七二十一唯终结性成绩是问，伤了不少班主任的心，这也迫使一些本来很善良的班主任想方设法拒绝“差生”或将班上的“差生”撵走。我认为科学的评价方式，是看这位班主任平时的工作——“过程”，是否尽到了他能尽到的最大努力。特别对于生源不好的班级，校长的公正评价尤为重要。

第三，互相评价。校长评价老师，也应让老师评价校长；校长对老师的评价可以决定老师的饭碗，老师对校长的评价也应决定校长的位子。本期我校（成都石室中学）校长公开在全校大会上讲，如果本期他的反对率（由所有的教职工无记名投票）超过了30%，他将自动离职。他主张校长、中层干部和后勤职员都应置于教师的监督评价之中。我很感动。我认为，应该这样。

第四，综合评价。即不以对某一方面的评价代替对班主任所有工作的评价，德智体美劳、教育教研、工作态度和工作方法等等都应兼顾。“一好遮百丑”或“一丑遮百好”，都应避免。还要强调的是，所谓“综合评价”还包括“定性定量”的综合。我不绝对反对科学的必要的“量化”，但我坚决反对纯粹的“分数化”管理，应该以定性定量结合综合评价。

也许我的想法有些理想化，但随时都处于战战兢兢之中的班主任应该有做梦的自由。而且如果是民主治校，对班主任的评价方式是不是应该听听我们班主任的意见呢？我不反对对班主任的评价同其班风联系，但我坚决反对不问青红皂白的“一票否决”。如果有校长仍然坚持这样的“一票否决”，那我最后还有一个建议——

请这样的校长同时兼任班主任，而且是任“差班”的班主任，如何？

让管理充满人性

拙文《岂能如此考评班主任？》发表后，我收到近百封读者来信，其中大部分是赞同的。赞同者大部分是一线班主任，但也有不少校长和政教主任，这让我十分感动。当然也有一些朋友在来信中有不同看法，其中以政教主任为多。我认为，无论赞成还是不同意，观点的争鸣是好现象，说明大家都在关注我们的班主任工作，这是我们班主任事业富有生机的希望所在。

我对政教主任的甘苦十分理解。在校长和班主任之间，有的学校的政教主任有时候可以说是两头受气，两头被夹。因此，我的这篇小文一出，反对的往往是政教主任和分管校长，是在我意料之中的。《岂》文是有感于一位素不相识的读者来信所反映的情况而写，当时我的心情比较激愤，因此文中措辞比较激烈。今天撰文，我除了就此向读者表示歉意之外，还再补充说明一点：我希望学校的班主任的管理，能够尽可能多一些人性。

一些质疑者来信充分论证管理中的考评制度的重要性。从抽象意义上说，我完全同意这些老师的这个观点，因为管理中的考评不但应该而且必须，这是不需要证明的。问题是如何管理又如何考评？正是在具体的操作上，我不同意简单的“一票否决”。但是，我愿意和大家一起探讨：如何管理比较科学？——而这个“科学”应该建立在“将心比心”的人性之上。只有符合人性的管理，才是真正科学的管理。实践证明：所谓“一票否决”，的确在某些时候是“有效”的，但这个“有效”所付出的代价是什么？恐怕值得我们思考。顺便说一下，这个“一票否决”是一个形象而简便的说法，与有朋友给我来信中所说联合国安理会的一票否决制完全是两个概念。而且，对班主任的这种“一票否决”与平时对地方行政长官的计划生育超标、重大安全事故等“一票否决”也不一样。这是不言而喻的。

何谓“让管理充满人性”？就是把教师当做知识分子，在信任他们的前提下，根据教育的特点和知识分子的特点对他们进行管理。现在比较时髦的教育口号是“以人为本”，但有些领导对“以人为本”的理解是比较狭隘的。当领导的经常对教师说要“以人为本”，也就是说要以学生为本；但领导在管理中是否也以教师为本呢？因此，我认为，“以人为本”的“人”不但包括学生也包括老师。只有领导以教师为本，教师才能以学生为本！

人性与制度并不矛盾，符合人性的制度不但能够约束“人性的弱点”，更能发挥“人性的优点”。关于学校中的人性化管理，笔者所在成都石室中学的校长王明宪有一段很精辟的话：“现在一些校长很欣赏工业管理中的泰勒制，动辄就对老师说‘不准’什么什么，‘否则’就要怎样怎样。似乎很严，但这实际上是把工业社会的管理方式拿到今天的时代，还自以为有‘现代意识’，他们忘记了我们是为未来社会培养人。更重要的是，泰勒的管理是对企业的管理，他把工人当成物来管理；而学校不是企业，教师不是工人更不是物，是知识分子，是人，应根据知识分子的特点来管理。因此，我平时考虑得最多的，不是让老师知道哪些不能做，而是让老师们知道自己要怎样做才能发展得更好；作为一个校长，我又应该做哪些才能有助于教师的成长和成功。同时，我坚决反对片面强调钢性管理，我主张道德管理、无形管理。比如老师迟到的问题，我希望学校的老师不是因为怕违纪扣奖金而不敢迟到，而是因为觉得自己迟到了会愧对学生愧对良知而不愿迟到。当然，我也绝不是不要规章制度，只是认为真正好的规章制度应该让素质高的教师感觉不到其存在，但又不会违反，所谓‘从心所欲不逾矩’；同时，又能对极个别素质不高的人感觉到规章制度处处存在，从而在被规范的过程中逐步提高自身素质。”

让管理充满人性，核心是对教师的信任与尊重。尽管现在高喊“以人为本”的校长也不少，但有的校长往往只把“以人为本”作为对教师的要求，而恰恰忘记了教师也是人。君不见，有的校长把学校当成自己的私人庄园或者是自己投资开办的企业，动辄以“下岗”来威胁老师；他们要求教师对学生要尊重要有爱心，可他们对老师却既不尊重更没有爱心。现在社会上对不正常的师生关系提出了许多批评；而我认为，不正常的师生关系往往是不正常的校长教师关系的延续。没有平等民主的校长教师关系，要想有平等民主的师生关系，无异于缘木求鱼。

相反，人性化管理，不但更能够融洽班主任和分管领导的关系，而且更能提高班主任队伍建设的质量，当然也更能减少学生中的恶性“偶发事件”——许多学校民主管理的实践已经证明了这一点。

新德育思考

“新德育”是“新教育实验”的一部分。

随着新世纪而兴起的“新教育实验”，正在影响着改变着越来越多的教师、学生和学校。“新教育”并不是一个今天才提出的新概念，作为一种教育实验运动，它的起源可以追溯到19世纪末20世纪初欧洲的英国、法国和德国。在中国，20世纪初也有一批教育家曾明确提出“新教育”实验的主张，比如陶行知曾发表《试验主义与新教育》，杨贤江也曾发表《新教育大纲》等。但今天的“新教育”显然不是过去“新教育”的自然延续，而是针对今天中国教育所面临的弊端所进行的一系列教育改革。新教育实验主张教师无限相信学生与老师潜力，力求教育应该交给学生一生有用的东西，重视精神状态倡导成功体验，强调个性发展注重特色教育，让师生与人类崇高精神对话……从实践的角度看，它是实现素质教育理想的有效路径之一。

就教育理念而言，关于“新教育”之“新”，我的理解并不是前所未有的“横空出世”，而是返璞归真和与时俱进，也就是说，今天所进行的“新教育实验”，是让教育回到起点，将过去无数教育家所憧憬的教育理想变成现实。有人曾这样评价“新教育”之“新”：“当一些理念渐被遗忘，复又提起的时候，它就是新的；当一些理念只被人说，今被人做的时候，它就是新的；当一些理念由模糊走向清晰，由贫乏走向丰富的时候，它就是新的；当一些理念由旧时的背景运用到现在的背景去继承，去发扬，去创新的时候，它就是新的……”

我对本文提出的“新德育”的“新”也作这样的理解。

关于“德育”，从概念上说有广义和狭义之分。狭义的德育就是指“道德教育”。而广义的德育，则包括思想教育、政治教育、道德教育、法制教育、心理教育五育一体的教育（近年来，有人把环境教育、国防教育等等都纳入德育的范畴）。我认为，前者对德育的理解太窄，因为在实践中，德育绝不仅仅是“道德教育”；而后者对德育的界定又太宽，几乎无所不包。我对德育做这样的界定，所谓“德育”，就是指以道德教育为核心，与思想政治教育、心理素质教育、法制教育、环境教育、学科知识教育等相联系（渗透）的促使人社会化进程的教育。

本文所说的“新德育”是针对目前德育的弊端——我将其称为“旧德育”——而提出来的。那么，目前旧德育有哪些特点呢？

（1）旧德育是“单向教育”。所谓“单向教育”是指在旧德育的师生关系中，教师是绝对的教育者，而学生自然是绝对的被教育者，因而从教师的角度看，教育过程便是“我说你服”“我打你通”“我管你从”的过程。“单向教育”有一个在我看来是“虚拟”的假设，那就是教师无论在人格上还是学识上都远远高于学生，甚至是“道德完人”，至少比学生完美高尚（尽管没有人公开这样说），所以有“资格”去“塑造”学生的灵魂。不然何以能够成为“灵魂工程师”？至今不少德育工作者仍信奉“一日为师，终身为父”的古训，苦口婆心而又居高临下地去“教育”学生，这使学生对老师敬而畏之，畏而远之，教师在很大程度上已经成为

“德育长官”。更加严重的是，在“德育长官”的管教下，学生逐渐丧失了自我教育能力，也缺乏起码的独立思考能力：“老师说的总是对的，不用我操心！”一方面畏惧老师，另一方面，为了服从又不得不迎合老师，以至形成“双重人格”。

（2）旧德育是“非人教育”。所谓“非人”，就是不把学生当成人，无视学生的主体地位，更无视学生的尊严、思想、情感等精神存在，而把学生当做没有生命的“物”。学生是机器——装道德的机器、装知识的机器。所谓“非人教育”，就是非人道的教育，在这样的教育中，不但老师不把学生当人——比如辱骂和体罚学生，而且久而久之，学生自己也忘记了自己是人，因为学生的尊严感、耻辱心已经被剥夺得干干净净。在这种教育下培养的学生，多是温良恭俭让的“谦谦君子”，而少有善于独立思考勇于创新的开拓者。在这样的教育背景下，教师眼中的学生是学习机器，是考试机器，是成绩分数单，是录取通知书——唯独不是“人”！

（3）旧德育是“顺民教育”。“顺民教育”也叫“听话教育”，而所谓“听话教育”就是以“听话”为目的的教育，其教育目的或者说客观的教育后果是培养“顺民”。中国父母对孩子常有一句口头禅：“要听话”“做听话的好孩子”。有一句顺口溜也说：“在家里听爹妈的话，到学校里听老师的话，将来进单位要听领导的话。”形象地反映了一代人成长的过程。如此教育培养的学生，必然迷信老师迷信权威。说穿了，“顺民教育”（“听话教育”）是把学生作为工具，目的是培养一种只会听话的听从者、顺从者、服从者，不能独立、毫无主见的驯服工具。这种教育的结果只能培养两种人：一种是奴才，就是对的话也听，不对的话也听，好的话也听，坏的话也听，自己毫无主见，没有独立人格；一种是两面派，有人在时听话，没人在时就不听话，说的是一套，想的是另一套，公开搞的是合法的，背地搞的全是假冒伪劣。“顺民教育”是封建专制教育在今天的流毒。中国古代封建教育特别强调“教化”，而“教化”便是规定一系列让人不可逾越、限制人创造力发展的“规范”，逼使受教育者就范。这是专制制度所决定的，因为专制制度所需要的，是奴才和顺民。

（4）旧德育是“封闭教育”。所谓“封闭教育”，就是将教育与社会生活隔绝开来，认为教育与生活无关，纯粹是教室里的主题班会式的教育，或校园里的作文比赛、演讲比赛。我们许多德育工作者对社会有一种担忧，甚至有一种恐惧感。“学校教育一点钟，抵不过社会一分钟！”“五（天）加二（天）等于零！”……这是许多德育工作者的叹息。于是，一些教育者在修筑学校德育的“铜墙铁壁”上狠下功夫：不准学生与社会上的人接触，尽量减少学生与校外的联系，严格控制学生放学后回家的时间……近年来，各级教育行政部门，以“安全”为由，把学校的春游活动也取消了！不少学校都喜欢说“封闭式管理，开放式教育”，其实，在封闭的环境中进行“纯而又纯”的教育，不可能有真正开放的教育，培养出的学生很难有健全的人格、开放的视野和创造的素质。

（5）旧德育是“他律教育”。“他律”的特点，是一言一行都受外在因素（如老师、家长、班干部、学校纪律等等）的约束，是一种被迫的“循规蹈矩”。当然，对于正在成长中的学生，这种纪律性“强制”是必须的——不仅学生，即使是成人也必须受“秩序”（大到国家法律，小到团队纪律）的约束；但对于学生来说，“他律”并不是我们教育的最终目的。如果我们的学生永远只能“他律”，如果他们只是在老师、家长面前才是“乖娃娃”，而背着教育者则又是一副面孔，那么这将是我们教育的失败！“他律教育”的直接后果是学生的“依赖性”，这与我们教育上许多的“包办代替”是密不可分的。从传统德育对教师的评价我们便可看出学生的依赖性是怎样被强化的：在一些学校，越是寸步不离地守着学生上自习、做课间操、搞清洁卫生的班主任，越是受到领导的表扬。台湾作家龙应台曾写下《幼稚园大学》一文批评台湾大学生“独立处事的能力还不到五岁”。我看，相当一部分大陆学生又何尝不是如此？

（6）旧德育是“单独教育”。我们往往把德育当成一门功课，比如“思想品德课”“班会课”“团队活动”等等，认为德育是可以“专门”进行的，于是无论内容还是教师都越来越“专门化”。于是，任课老师不管德育，因为有班主任，哪怕是课堂上出现的纪律问题，任课老师也往往是把违纪学生交给班主任“处理”；学校其他部门也不管德育，因为有政教处，于是凡是认为和德育有关的事，都交给政教处去“落实”。而且这种“单独教育”已经形成“套路”或“经验”：比如什么节日搞什么活动，比如树立什么榜样，等等。尽管多年来都在强调德育要与其他教育相融合，但这种融合往往是生硬而机械的。比如，大约十年前，上级有关部门强调各学科教学都应体现德育，于是，某学校有位生理卫生教师便申报了一个“生理卫生教学中的德育”的课题，一年后结题时，该教师果然写了一篇课题报告，大谈“消化系统与德育”“神经系统与德育”“生殖系统与德育”等等，这份“实验报告”还获得了当年市级科研论文二等奖！

（7）旧德育是“灌输教育”。作为一种方法，应该说在德育中，灌输与引导都是需要的，对此大概不会有什么争议。问题在于，以什么为主？前几年有人鉴于思想政治工作淡化，便提出“还是需要灌输”。然而，一味灌输的结果，德育未必随之真正强化。长期以来，我们总是情不自禁地认为，学生的心灵是一个空荡荡的容器，而教育者的任务就是往这容器里面装美好的道德；我们还认为，学生的灵魂“可塑性最强”，而教师的使命就是“塑造灵魂”，所谓“教师是人类灵魂的工程师”。尽管现在绝大多数教育者都已经知道“灌输式”的教育收效甚微，但我们还是忍不住要以“传教士”的身份进行灌输，只不过灌输的方式可能有了一些“改革”，有过去教师的说教或报告，变成了现在学生的演讲或作文——但这里，学生所写所说，都是教师的意愿。

（8）旧德育是“客体教育”。这里所说的“客体教育”，指的是教育者将学生视为主体以外的客观事物，是对立于教育者的教育对象；也就是说，本来同为主体的学生，在教育过程中却被教育者“物化”了。通俗地说，所谓“客体教育”就是对“物化”了的“客体”的教育。在实践中，学生始终处于被动的地位，教师无视学生的主体性，更不用说尊重学生的精神世界。学生飞扬的灵魂、积极的主观能动性和充满活力的建构活动在这里消失了，取而代之的是麻木的被动的机械的接受、训练和规范。在“客体教育”中，教师将学生设为“假想敌”，随时对学生有一种防范心理，处处着眼于“不许”学生做什么，而很少告诉学生“你可以做什么”；只强调学生的“义务”，而忽视了学生的权利。于是学生成了动物，教师成了驯兽师，而教育自然便成了“驯兽”。

旧德育的种种弊端已经给我们的教育造成严重后果，这是有目共睹的事实。旧德育客观上已经沦为虚弱、虚假和虚伪的德育！这些我们都有目共睹而又心照不宣。以腐败猖獗、诚信失落为典型标志的不良社会风气正日益腐蚀着我们的国家进而毒化着我们的民族，究其原因当然不能仅仅归咎于教育（德育），但教育难道真的一点责任都没有吗？早在八十年代，邓小平就指出，改革开放以来，“最大的失误是教育，这里我主要是讲思想政治教育”。他这里所说的“教育”主要是指“德育”。二十年过去了，对德育和德育改革，不能说我们不重视，从八十年代末的《中共中央关于进一步加强和改进学校德育工作的若干意见》到最近的《中共中央国务院关于进一步加强和改进未成年人思想道德建设的若干意见》，我们发布的加强德育的文件可谓不计其数，但效果究竟如何？恐怕我们很难作出乐观的评价。原因何在？我认为，关键在于我们的所谓“德育改革”都没有突破“旧德育”的框架，而只是在一些形式上做表面文章，过于追求形式的花样翻新，德育便容易堕入陶行知当年所抨击的“假教育”。写到这里，我自然而然地联想到，苏霍姆林斯基当年曾这样尖锐地抨击某些形式主义的“爱国教育”：“儿童、少年、青年口头上会说他怎样热爱祖国，甘愿为祖国而牺牲，但是这些话本身并不能作为学生所受的爱国主义教育程度的真正标准；教育的明智在于：不要让我们的学生毫无热情地、不假思索地说出这些话来。因此，我们坚决禁止组织这样的竞赛：看谁关于热爱祖国的演讲或作文讲得最漂亮。教学生高谈阔论爱祖国，取代了教学生爱祖国，这是不可思议的事。”遗憾的是，在苏霍姆林斯基看来“不可思议的事”，至今还在中国以“加强德育”的名义“庄严”地发生着！

批判，不仅仅是为了摧毁，更是为了建设——我上面对旧德育进行了剖析，并对其进行了也许比较偏激的抨击，我的目的不是彻底否定德育本身，而是真诚地呼唤德育加强和改革（绝不仅仅是“改进”）。但我认为，“加强德育”的前提是“改革德育”，或者说，我们应该通过“改革”德育来“加强”德育。而“改革德育”不仅仅是一些方式方法上的改变，而应该在德育观念、德育内容、德育目的、师生关系等等方面有所探索，有所创新，有所突破。正是在这个意义上，我呼唤着“新德育”！

什么是“新德育”？不同的人可能会有不同的憧憬和解释。针对前面我罗列的旧德育八大弊端，我对新德育的特点相应地作如下界定——

（1）新德育是“互动教育”。这里的“互动”，指的是师生之间的互相学习，互相促进。新德育把教师和学生视为共同成长的同伴。新德育所期待的师生关系应该是精神对话关系。教育者以崇高的思想境界和高尚的道德标准要求自己，本身是没有错的。但这应该是一个贯穿终生的动态的追求过程，而不是意味着教育者已经达到了很高的人格境界。我们承认教师不是完人，承认教师在许多方面不如我们的学生，这并不是降低了教育者对自己的人格要求，恰恰相反，只有教育者随时随地意识到自己的不足，才能不断追求自身的完善。学生童心的保持，个性的发展，思想的成熟，能力的培养……都离不开教育。但这种教育，不应该是教师的居高临下与学生的俯首帖耳，而应该是教师与学生的共同成长。从某种意义上讲，教育是师生心灵的和谐共振，互相感染、互相影响、互相欣赏的精神创造过程。它是心灵对心灵的感受，心灵对心灵的理解，心灵对心灵的耕耘，心灵对心灵的创造。让我们的新德育有更多的民主，更多的平等，更多的科学，更多的个性；让我们的新德育教育成为师生共同成长的精神历程！

（2）新德育是“人性教育”。在新德育的大旗上，应该有一个大写的“人”字——它是目中有“人”的教育！这里的“人”不是抽象的人而是具体的人，是正在成长中的人，是富有个性的人，是有自己独特精神世界的人。因此爱学生，就是爱一个个具体的人。新德育就是把学生当人的教育，就是充满人性尊重和人文关怀的教育。整个德育过程应该充满着浓浓的人情味，因为一个真正的教育者必定是“以人为本”的信奉者和实践者，他有温馨的爱心和晶莹的童心。离开了情感，一切教育都无从谈起。所谓“以人为本”，绝不只是写在纸上的文字或贴在墙上的口号，而应该体现于教育的每一个环节甚至生活的每一个细节。同时，充满人性的教育，还意味着尊重学生的精神世界，意味着给学生以心灵的自由。尊重学生心灵的自由，就是尊重学生思想的自由，感情的自由，创造的自由。我们期待的新德育，就是充满人性、人情和人道的教育。

（3）新德育是“公民教育”。新德育的最终目的，是为共和国培养现代公民。这不是我的观点，而是上世纪初陶行知对新教育的憧憬。陶行知所追求的民主教育的目的，始终是指向未来的民主社会的，他认为，民主教育应该为共和国培养公民：“今日的学生，就是将来的公民。将来所需要的公民，即今天所应当养成的学生。”所谓“公民教育”，就是培养“公民意识”的教育。关于“公民意识”有很多不同的说法，我同意这种理解，即公民意识是指公民对于自己应享受的权利和应履行的义务的自觉意识。具体地说，公民意识既是一种重视和维护自己和他人权利、尊严和价值的民众意识，又是一种自觉承担责任和义务的法律意识。是二者的统一体，它包含公民对于国家和社会的责任感，其核心是权利意识和责任意识。真正的公民，应该具有平等、自由、法治、宽容、妥协等民主精神，他尊重任何人，同时决不迷信任何权威，更不会臣服于任何权力。

（4）新德育是“生活教育”。这里所说的“生活教育”，指的是把德育贯穿于学生的生活全过程，把德育的时空扩展到人生、社会与自然，把德育视为一种实践活动，让孩子去体验。社会生活中无处不存在着德育资源，教育者要善于引导学生处处留心时时感受，让学生在生活中体悟，在体悟中生活。社会与自然，应该是德育必不可少的教材，我们必须让孩子主动打开这两本“必读书”。是的，社会上的确存在着对青少年成长不利的因素，但对这些消极因素的抵御方式之一，恰恰是教育者大胆地调动社会有利因素来充实、完善学校教育，所谓“社会教育化，教育社会化”。新德育提倡的德育开放，含义至少有三：德育向家庭开放，让学校教育引导家庭教育，使家庭教育协调于学校教育；德育向社会开放，帮助学生“在游泳中学会游泳”，引导学生在社会风浪中明辨是非，经受考验；德育向自然开放，让学生在青山绿水之间强健体魄，飞翔心灵，解放个性，挥洒青春。

（5）新德育是“唤醒教育”。新德育赞同这样的观点：“教育是一种唤醒。教育的最终目的不是传授已有的东西，而是要把人的创造力量诱导出来，将生命感、价值感‘唤醒’。”（斯普朗格）苏霍姆林斯基也认为，我们的教育对象的心灵绝不是一块不毛之地，而是一片已经生长着美好思想道德萌芽的肥沃的田地，因此，教师的责任首先在于发现并扶正学生心灵土壤中的每一株幼苗，让它不断壮大，最后排挤掉自己缺点的杂草。“唤醒”有时候也是一种相信，一种期待。相信并期待着每一个孩子都能够进步，都能够成为自己成长的主人！新德育重在培养学生“自律”能力，主要通过引导学生勇于自我教育和善于自我管理来实现。自我教育，就是让学生学会自己提醒自己、激励自己、战胜自己——犯了错误能谴责自己，有了进步能肯定自己甚至奖励自己；自我管理，就是让学生习惯于自己约束自己、控制自己、善导自己——无论是遵守纪律还是助人为乐，都不是因为怕“受处分”或者是为了“得表扬”，是“勿以恶小而为之，勿以善小而不为”的心灵警戒。

（6）新德育是“渗透教育”。有效的德育不能单独地孤立地进行，而应该贯穿于学校的全部教育工作中。苏霍姆林斯基说：“学校里所做的一切都应当包含深刻的道德意义。”也就是说，学校的每一项工作都应该充满德育因素。人人都做德育工作者不应该只是一句口号，而应该成为学校全体员工的行动。关于“渗透德育”，朱小蔓教授有一个比喻非常恰当，她认为德育是“盐”，人不吃盐不行，但也不能单独吃盐，而必须将盐溶解在各种食物当中吸收；我们在吸收盐的时候，是看不见盐本身的，因为盐已经融入了各种食物之中，但盐却很自然地进入了人的体内。德育也应该如此，它也应该自然而然地融入（即“渗透于”）其他教育之中，包括学科教学的课堂。新德育认为，每一个教师的言谈举止都是教育行为，都在潜移默化地影响着学生。此外，“渗透德育”还应该善于营造自然而然的教育情境，让学生不知不觉地被感染和感动，进而受到教育。

（7）新德育是“活动教育”。无数成功的德育证明，没有活动便没有教育。在这里，班级活动尤为重要。我所说的“班级活动”，是指在班主任的组织和领导下，或者在班主任的指导下由学生自己组织的，为实现班级教育目标而举行的各种教育活动。它是班主任组织、建设学生集体，并通过学生集体来教育和影响学生个体的一种较为普遍采用的教育形式，也是学生个体进行自我教育的一种行之有效的方式。“班级活动”至少有四个特征：第一，目的性。就是说活动不是自发的，是教育者有意识组织的。这是就组织者的能动作用而言，强调活动不是盲目的。第二，教育性。这是我们所说的活动最本质的一点。这是就活动过程中的功能而言，正是这一点将我们这里所说的班级活动与青少年一般的活动区别开来。第三，全员性。这是就参加主体而言，面向全体，是“集体”活动。第四，整体性。这是指活动与活动之间应该有着内在的联系。“活动”之于德育，其意义不言而喻，它是通过淡化教育痕迹的方法来获得并非淡化的教育效果。这是德育的辩证之所在，也是教育者的明智之所在。

（8）新德育是“自主德育”。新德育把学生看作教育的主体，而德育过程是一个主体自我建构的过程。鲁洁教授认为，教育过程的主体是学生，客体是作为教育资料的社会文化以及学生自身的“客我”，教育的过程是实现“理想的我”（主我）的过程，是“主我”对“客我”的超越。她特别指出，教育过程虽然离不开教师的存在，但教师的作用是加工教育资料，为学生提供一种文化环境与文化氛围，帮助学生进行自我建构。应该说，学生建立道德信念和养成道德行为的过程是教师主动引领和学生自我建构的有机统一。正如肖川先生所说：“教育作为文化—心理过程，所关注的是理想个体的生成与发展，它有这样两个相互制约、相互联结、互相规定、对立统一的基本点，那就是：价值引导和自主建构。”在这里，“价值引导”是就教师而论，“自主建构”是对学生而言。我们要善于引导学生通过写成长日记等形式，反思自己，体验成长的历程。我们要变“防范性德育”为“服务性德育”，这里的“服务”，首先意味着为学生的自主成长服务。

新德育是我们对过去的批判，也是我们对未来的建设；是我们的理想，也是我们的行动；新德育不是“标新立异”的教育口号，而是一种朴素的教育回归。新德育所追求的，就是陶行知所说的“真教育”：真诚、真实。

新德育所造就的学生，应该是行为规范、心灵自由、感情丰富、思想充实、胸襟开阔的现代人！应该是能够为自己负责，也能为他人、社会、国家负责的现代公民！

【补充说明】

《班主任之友》于2006年12期发表了我的《新德育思考》。发表前我对编辑说，估计会引起激烈争鸣的，我说也希望能够有不同声音。

前不久，上海一家杂志给我发来山东史峰老师的商榷文章，说他们要发表，希望我能够写文章有所回应。我看了史老师文章后，给编辑打电话，说：“史老师的文章完全可以发！只是我不会写回应文章的。不只是我太忙没有时间，更主要的是因为我要说的话，已经在《新德育思考》中说完了，没有新的想法了。”

然后我给史峰老师去了一个电话，真诚感谢他对我的批评。学术自由，百花齐放。当然，我也很坦率地说：“你的文章没有说服我，但我不想写回应文章，大家各自保留观点吧！”我谈了所谓彻底否定“旧德育”的问题，我说，我们说话写文章都有特定的针对性，有特定的语境，因此，有些“默认前提”或者说“公认的真理”是不必挂在嘴边的。

我说：“为了表示我真诚的感谢，我赠你一本书《爱心与教育》，过几天给你寄去。”

后来史老师的文章在《中国教育报》发表了。我觉得是好事——引起更多的人思考讨论当然是好事。

我现在依然这样认为：如果我以“一方面……另一方面……”的方式说，看似客观公正，实际上等于什么都没说。“旧德育”从总体上说，就是应该彻底否定和摧毁，对此我旗帜鲜明。但这并不意味着不能从传统中汲取养料以发展丰富新德育。当然，如果我在文章中，对旧德育的特定内涵（比如和传统文化、传统德育的联系与区别）作些阐述，可能会更好些。

我疑心史峰老师将“传统德育”和“旧德育”画了等号，这是不妥当的。我认为，“传统德育”大体可以从时间上指“过去的德育”，其中既有精华，也有糟粕，当然不能全盘否定；而“旧德育”，则特指传统德育中的糟粕，当然必须彻底否定。

当年鲁迅对中国文化和中国历史的抨击，用“吃人”用“想做奴隶而不得，暂时做稳了奴隶”来概括，可谓“偏激”到了极点。但至少我不认为，鲁迅是在割断历史或者诽谤我中华民族。

马克思、恩格斯在《共产党宣言》中明确宣称，共产主义革命就是要同传统的观念“实行最彻底的决裂”，可谁都不会认为他们是在“割断历史”。

中国共产党欲建立新中国，非彻底推翻旧中国不可——后来果真推翻了，但这里的“彻底推翻”绝不意味着新中国是在一片空白上建设，对于已经被推翻的过去的一切，该继承还得继承，该吸收还得吸收。

“新德育”的内涵，是既继承传统德育精华，又突出现代教育理念。

只是我觉得，这些常识是不需要随时挂在嘴上。因为这都是不言而喻的。

因此我坦率地说，史峰老师的反驳是不能说服我的。但我特意把史峰老师的文章收录于此，是想让更多的读者来一起思考和争论。让时间和实践去证明吧！

附：

不能全盘否定传统德育——与李镇西先生商榷

山东省莒南县路镇一中　史峰

（《中国教育报》2007年3月8日第9版）

李镇西在《班主任之友》（2006年第12期）发表《新德育思考》一文，提出了“新德育”和“旧德育”两个概念。按李镇西的说法，“新德育”是指他们“新教育实验”的一部分，是“针对目前德育的弊端——我将其称为‘旧德育’——而提出来的”。这种区分有没有科学性暂且不论，只是李镇西在文中对“旧德育”的批判过于主观，他指出的“旧德育”的八大弊端缺乏辩证客观的立场，读来让人感觉有“全盘否定的极端主义”倾向。

我认为，将“旧德育”批判得“体无完肤、一无是处”，是对德育研究工作的不负责任的行为。其实，“新德育”与“旧德育”并不是完全对立的，而是一种继承发展、对应对照的关系，“新、旧德育”也并非不共戴天。鉴于此，作此文与李镇西商榷。

“旧德育”是单向教育吗?

李镇西称“旧德育”是单向教育，说教师是绝对的教育者，教育过程是“我说你服”“我打你通”“我管你从”的过程。在这种单向的教育过程中，学生是德育工作的受害者：渐渐失去了自我教育的能力，一方面怕老师，另一方面又要迎合老师，以至形成了“双重人格”。

作为一名班主任，我深知“旧德育”中有着丰富的师生互动的过程，例如“言传身教”“师表”就是要求教师先行示范“德行”，并将自己的德育目标隐于示范中，学生则会从中习得“德行”，这是极有效果的“互动德育”，是双向心灵交流的过程，“旧德育”何“单”之有?

“旧德育”是非人的教育吗?

李镇西说，“旧德育”是非人的教育。他写道：“旧德育”不把学生当人来对待，无视学生的主体地位，更无视学生的尊严，把学生当做没有生命的物，最终让学生忘记了自己还是个人。学生的尊严感、耻辱心已经被“旧德育”剥夺得干干净净了。

“旧德育”果真如此恶毒吗? 我是一个被“旧德育”教化过的人，我完整地走过“旧德育”时代。“旧德育”给了我正确的价值观和人生观。我想李镇西也是受“旧德育”教化过的人吧，难道他在“旧德育”的教化过程中遇到过“苦大仇深”的经历才出此悚言?

“旧德育”是顺民教育吗?

李镇西说，“旧德育”是以“听话”为目标的教育，其教育目的是培养“顺民”。最终“旧德育”只培养出两种人：一种是“听话的奴才”，一种是“双重性格的两面派”。

李镇西在这一论断中犯下了逻辑错误：任何一种教育方式都会培养出“千姿百态”的人，而绝不会是一种人，或是两种人。

其实，“旧德育”不只在力求培养守规则的人，还在力求培养有思想、有创造能力的人。“顺民”与“创造力”并不是矛盾的两个方面，而是可以调和共存的成才要素。“顺民”也有创造力，并且“顺民”的创造力更加安全可控，这样的目标难道不好吗？

“他律”是不道德行为吗？

李镇西说，“旧德育”是一种他律教育，学生的一言一行都要受到外在因素的约束，是一种被迫的“循规蹈矩”。

看来，李镇西反感学生的“他律”，殊不知“他律”也是重要的“德育”形式，如果这种德育形式具有了普遍性，学生都能在“他律”下“有规则”地进行社会生活，这应该是德育的重要成就。李镇西追求学生人人“慎独”，“慎独”是一种高水准的道德要求，学生无法达到人人“慎独”。追求大面积的“慎独”，那是德育工作的理想主义。

“旧德育”是单独教育吗？

李镇西说，“旧德育”是单独教育，只把德育当成了一门课程进行，无论教学内容还是教师都越来越专业化。

李镇西只用学科化的眼光观察“旧德育”，难免会得出这样的结论。从学科的角度看“旧德育”，它确实是一门“单独”的课程。但如果把“旧德育”放归于整个教育，就会发现它绝对不是单独教育，而是一个“系统工程”。我们学校的德育活动形式多样、内容丰富，学校的每位老师都从不同的侧面，用不同的方式给学生施加着不同的德育影响，“旧德育”不是单独教育。

“旧德育”是灌输教育吗?

李镇西说，“旧德育”是灌输教育。

其实，“灌输”并不是德育的弊病，而是德育工作的常用手段。不论是“新德育”还是“旧德育”，还是以后要出现的诸多德育，都离不了“灌输”这一方法的，只不过“灌输”的方法不同罢了。既然“灌输”是所有德育活动的共用方式，那就不要戴着有色眼镜看“灌输”了。

李镇西对“旧德育”批判的最后一条是：“旧德育”是客体教育，老师是驯兽师，学生是“假想敌”。这一观点其实是“旧德育是非人教育”的翻版，没有必要再单独列出了。

李镇西想在完全摧毁“旧德育”的基础上建立“新德育”模式。但是，对“旧德育”的完全毁灭却无助于“新德育”的构建，因为，“新德育”需要诸多“旧德育”的传承，“旧德育”并非一无所长。“新德育”就如一只蝉，在蜕变过程中它还需要那只“旧壳”。

今天，教育的多元化带来了“新德育”新风，但是在确立“新德育”模式时，如果把“旧德育”诋毁得一无是处，不知继承，不知借鉴，那“新德育”就找不到起飞的基点了。

只要民主，不要专制

读了《河南教育》第三期上李迪老师的文章《民主变味时，我们需要专制》，我有些不同的看法。在我看来，真正的朋友有一个标志，就是能够彼此说“不”。李迪老师是我的朋友，因此，我更要直言了。

说实话，一看这标题我就很惊讶。如果民主真的“变味”了，我们需要的是让民主名副其实，而不是“要专制”。古今中外即使是最专制的国家，也不敢公开说“我们要专制”，更不要说是在民主潮流浩浩荡荡的当今世界。当然，我知道李迪老师说的是教育，是感到“民主变味”后的对专制的一种无奈的呼唤，而且我相信，这种无奈的呼唤在不少老师那里会引起共鸣。因为我经常听到身边的一些老师抱怨：“现在的学生，太难管了！不来点强硬的怎么行呢！”“给他点民主，他就蹬鼻子上脸，简直不知天高地厚了！”“现在的学生往往以自我为中心，还民主什么呀！”所以，我更感到澄清民主问题上的一些模糊认识很有必要：究竟什么是民主？当学生不听话的时候需要专制吗？下面，我就李迪老师文章中的两个例子，谈谈我对这些问题的看法吧！

先说第一个例子，班里评优让学生选举，结果认真负责的班长落选了。于是，老师便认为这是民主的错。其实，这与民主选举本身没有关系，而和这个班的班风有关系。李迪老师将板子打在民主身上，实在冤枉了民主。让学生通过投票选优，是没有错的，因为学生的选举权应该得到尊重。但成长中的学生，同时还需要教师的引导，这是教师的责任所在。

但是，教师的引导绝不是选举时对学生的操纵甚至一手包办。教师对学生的引导主要在平时大量的、各方面的或理直气壮或潜移默化的教育，这些教育集中到一点，就是要让学生懂得辨别美丑善恶是非的道理，并把这种道理转化为植根于心灵的道德信念。那位班主任班上发生的不正常选举结果，恰恰暴露出她平时的教育失误。面对是非颠倒的选举结果，她应做的是设法造就一个良好的班风。在集体舆论健康的班级里，至少大多数学生的道德评价、是非判断与班主任是一致的。班主任也正因为如此而坦然自若地尊重学生们的选举权。表面上看，教师对学生的选举“放任自流”，而实际上教师已通过平时的教育引导，不露痕迹地决定了学生们的正确选择——教育者的理智与艺术正在于此！

李迪老师文中的第二个案例是，老师组织春游，因为有人请假，于是便“强硬”地取消春游活动，以此教训学生。“从此以后，刘老师的班级遇到集体活动，再也没有人敢提出请假了——那样的请假，是要触犯众怒的。”李迪老师把这作为“强硬”（也就是专制）的胜利，但在我看来，教师以集体的神圣名义剥夺孩子们春游的权利，却还要让孩子们迁怒于那几个请假的同学。这个老师的做法是不足取的甚至是很可怕的。这的确是专制的胜利，但这种“胜利”给孩子播下的是专制的种子！所谓“触犯众怒”，客观上（之所以说是“客观上”是因为这未必是教师的主观意愿）是教师以集体的名义煽动多数孩子对个别孩子的仇恨。民主意味着尊重。当然，这种尊重必须体现于规则。因此，在这里，起决定作用的，是对规则的遵守。而这个规则是大家（在班上，就是老师和学生）制订的，制订规则的过程是妥协的过程。这里的妥协就是商量的意思。决定这次春游活动之前，这个规则就应该让每一个人明确知道。规则里面包括了对请假的规定——哪些情况是允许的，哪些情况是不允许的。任何规则都不可能禁止正当请假。如果是学生正当理由的请假，老师凭什么不准？有人会说，如果都请假，那成什么话？这还算一个集体吗？这依然还是平时的班风建设问题！如果班风良好，凝聚力强，学生们自然热爱班集体，无正当理由请假的学生不可能很多。如果班风很好，可是以各种借口请假的学生依然很多，那就说明班主任组织的活动不合大多数同学们的心意——试想，玩儿是孩子的天性，老师组织的春游学生居然不愿意去，这说明什么问题呢？那么，老师要做的是广泛征求孩子们的意见，然后拿出一个大多数同学都赞同的春游方案。而不是因为少数人请假而剥夺大多数学生春游的权利，同时又挑起大多数人对个别人的仇恨。当然，即使拿出了一个比较圆满的春游方案，依然不排除会有极个别学生因某些特殊而正当的理由请假，那老师有什么理由不同意呢？在行动上，少数人服从多数人的意愿；同时，在精神上，多数人尊重少数人的正当利益和权利，这才是完整的民主。

这里我想谈谈我对民主和教育民主的理解。民主，既是一种政治制度，也是一种生活方式。从字源上说，“民主”概念首先是指一种政治制度，通俗地说，是一种管理国家的方式。它的基本含义就是“人民进行统治”或者说“人民当家做主”。作为政治制度的民主，其外在标志是选举，内在精神是对人的尊重——对人的权利（各方面参与的社会权利）的尊重。为什么老百姓要有选举权，因为这是对其参政权利的尊重！任何人都无权剥夺有选举权的公民的政治权利。我们所说的班级民主管理，就包括了对学生选举权的尊重！

然而，民主不仅仅是一种政治制度，也是一种生活方式，这种生活方式渗透于人们生活的方方面面。将民主看做一种个人的生活方式，即认为民主不只是一种形式或者说外在的东西，而是一种内在的修养。这种内在的修养体现于日常生活和与人交往的过程中：相信人性的潜能；相信每个人不分种族、肤色、性别、家庭背景、经济水平，其天性中都蕴含着发展的无限可能性；相信日常生活与工作中，人与人之间是能够和睦相处能够真诚合作的。民主的生活方式，意味着自由、平等、尊重、多元、宽容、妥协、协商、和平等观念浸透于社会的每一个角落，体现于生活的每一个细节。

既然民主有“制度”和“生活”的两个方面的含义，那么对于学校教育而言，同样必须在这两个方面努力。班级也是如此。一方面我们要建立一种民主的制度（体现于班级管理的制度），同时，也要在生活中培养（教师自身也需要培养）民主的生活态度。无论是制度还是生活方式，民主的核心都是尊重——教师对学生的尊重，和学生对他人（当然包括对老师）的尊重！

我还要特别强调的是，学校民主教育绝不只是手段，或者为了方便老师的管理而采取的某种策略或技巧。民主教育的目的，是培养具有民主意识和能力的未来公民。对学生民主素质和能力的培养，我们还是紧扣民主的两个含义来进行。作为制度的民主，就是要教会甚至训练学生学会民主程序，比如班规的制订，班规的执行，等等。不过，在制订规则的时候，一定要把教师包括进去，至少要包括班主任。但是要注意，因为学生毕竟是未成年人，所以这里不是说什么都由学生说了算，的确应该有一个价值引导的问题，只是这个引导应该是平时生活中点点滴滴的浸润。作为生活方式的民主，要在每一个细节上，包括课堂上，培养学生的五种意识：平等意识，自由意识，法治意识，宽容意识，妥协意识。这五种意识，孤立地看，都不完全等同于民主，但都和民主精神有关。这些民主意识的培养，一定要非常生活化，一定要非常细节化，特别是教师本人的示范作用。

陶行知曾指出：“民主的时代已经来到。民主是一种新的生活方式，我们对于民主的生活还不习惯，但春天已来，我们必须脱去棉衣，穿上春装。我们必须在民主的新生活中学习民主。”注意陶行知这句话——“我们必须在民主的新生活中学习民主。”

关于班级管理中的民主操作，我以后有机会再细谈。这里我还想纠正对民主的一个错误认识，就是认为民主总是软弱的，是对学生的迁就。李迪老师文章中就把民主看作“强硬”的对立面，因而提出“偶然的强硬必不可少”。这是对民主的误解。其实，就制度（大到法律，小到班规）层面而言，要说“强硬”，民主是最“强硬”的。只不过这里的“强硬”，不是任何个人意志的“强硬”，而是集体意志的结晶——规则（制度）的“强硬”。制订规则的过程是不断商量甚至“扯皮”最后达成妥协的过程，但规则一旦通过，任何人都必须遵守，没有任何商量的余地，这就是强硬。或者说，强硬也是民主的一种体现形式。人们熟悉一句话：“任何个人和政党都不得凌驾于法律之上！”这是何等的强硬！李迪老师说，民主不奏效的时候，需要“偶然的强硬”；我说，民主本身就是强硬的，而且是必然的强硬。所谓“民主的另一面是法治”，就是这个意思。如果我们老师在这个意义上，实行民主管理，就既不会迁就学生，也不会剥夺学生的权利。因为民主既不是学生服从老师，也不是老师服从学生，而是大家必须（这里的必须正体现了“强硬”）服从共同遵守的规则。

回头再看李迪文中的那两位老师，第一位老师以“民主”的名义，背离了真正的民主，结果成了对学生的迁就；第二位老师强硬倒是强硬了，但他不是民主意义上的强硬，结果是借集体名义剥夺了孩子的权利，这两位老师的做法都违背了民主的原则。

我的朋友李迪老师是一位非常优秀的班主任，她对教育不但充满感情，富有智慧，而且善于思考和总结，年轻的她已经出版了四本教育专著。我和她经常交流教育，包括碰撞思想。今天，我就她的这篇文章提出我的不同观点，以此与李迪老师一起进行更加深入的探讨，也求教于更多的老师。欢迎读者对我的观点批评指正。

也谈“和学生打成一片”

曾多次听有人说过：“学生就是学生，老师就是老师，师生关系不能庸俗化！什么‘师生打成一片’？这是不可能的事！”而我却坚定地认为，教师真诚地和学生打成一片，不但可能而且应该。

我不否认个别老师在“和学生打成一片”时的一些庸俗表现，但这并不能因此否定教师放下自己的尊严深入学生心灵。应该明确，我们通常所说的“和学生打成一片”，并不是抹杀师生之间在社会角色、生活阅历、文化知识等等方面的差异，更不是无视教师所承担的教育职责，而是追求教师和学生之间情感的平等、思想的平等、尊严的平等。教育，更多的时候是一种情感的滋润与人格的感染，所以它并不只是讲台上的事，也包括日常生活中与学生共同的喜怒哀乐甚至摸爬滚打。童心和爱心，是每一位教育者铸造事业大厦的基石。优秀的教师应该学会并善于用儿童的眼睛去观察，用儿童的耳朵去倾听，用儿童的情感去热爱，用儿童的兴趣去探寻！当学生把我们当做知心朋友来接纳时，我们已经在学生心中建立起了人格的丰碑，而我们的教育之舟也就开始驶入成功的港湾。

苏联杰出的教育家苏霍姆林斯基，以自己是学生的平等的朋友而自豪。他曾在假期和学生一起划着小船到荒岛探险。他多次说："孩子们的欢乐，就是我的欢乐！"从教16年以来，我多次邀约学生（或被学生邀约）去远足郊游、去登山探险：峨眉山、云南石林、黄果树瀑布、瓦屋山原始森林……都留下了我们的足迹和笑声。我的右手掌上，至今还留着一块伤疤。这是9年前一群高二学生在峨眉山的雪地上和我狂打时留下的纪念。就在上星期六，我和我的初一学生还一起徒步几十里路到乡间春游。在洒满春光的草地上，我和学生们斗鸡、摔跤，最后我被他们死死地压在下面……多年来，不少家长为我和学生亲密无间而感动；而我却认为，学生在课余和我"没大没小"，甚至叫我"老李"、"镇西兄"、"西哥"，这是我的荣幸：因为他们看得起我！

"和学生打成一片"是没有错的。真诚只能以真诚去赢得，而心灵只能用心灵去感受，因为——教育者的尊严是学生给的！

质疑“三好生”

在这里，“三好生”只是一个借代——借代与评选“三好生”相类似的各级各种评优活动。因此，质疑“三好生”实际上是质疑现行的各种学生“评优”。

最近，学校给了我们年级一个市级“十佳少先队员”的候选名额，当时我就想到了我班的胡夏融。在我看来，无论成绩还是品德，胡夏融至少在我们年级绝对是佼佼者之一，所以作为“候选人”他应该是够格的。而且，我们年级组长也说：“你真应该报胡夏融！”

可是，我摇了摇头，终于没有报胡夏融。

胡夏融固然品学兼优，但也仅此而已。他没有“钢琴十级”的特长，没有“见义勇为”的壮举，没有“身残志坚”的事迹，没有“奥赛夺冠”的金牌……而看看现在一些“十佳”学生，无论是牺牲的赖宁还是活着的成洁，哪一个没有传奇般的经历？哪有普通的好学生被选为“十佳”的先例？

我当然不反对选有“突出事迹”的学生为“十佳”，但是，我想我们也应该选一些经历平凡、默默无闻的优秀学生——而且，后者更具有代表性，因而也更容易被学习效仿。

有人可能会反对我的这个观点：“既然是‘十佳’，当然要‘突出’才行嘛！”

问题正出在这里：本来，评优的目的是为了推广进而涌现出更多的优秀学生；但如此“评优”评出来的优秀学生只能让人望尘莫及，谈何学习？

我进而想到目前的“三好生”评比。从理论上讲，评选“三好生”无可非议——通过“三好生”评选激励、带动更多的学生德智体全面发展，当然是很好的；但在具体实施的过程中，却出现了许多有悖于我们良好初衷的情况。

首先，“三好”的标准往往只有少数人才达得到。“品德好”、“学习好”、“身体好”，这本来是对中学生的一种发展目标的倡导，但评选“三好生”时，除“品德好”一项比较“虚”之外，“学习好”和“身体好”都有着不低的分数标准；这样一来，每次评选时能达到“三好”的学生实在是太少。如此“评优”显然失去了激励多数学生的积极作用。这就出现了一个“怪圈”：既然“三好”是对所有学生的要求，可评出的“三好生”却永远是个别学生，这就意味着只有少数学生达到了我们教育的培养目标。这岂不是对我们教育的自身否定吗？

其次，在应试教育的背景下，“三好生”往往只是“学习好”。据我所知，相当多的班级在评选“三好生”时，首先是把成绩上了某分数线（比如平均85分或90分）的学生列为候选人，再看其体育成绩是否合格（仍然是某分数线），至于“品德好”，只要没有明显的违纪现象，一般都是“符合标准”的。这样一来，“三好生”便成了应试教育的“得力助手”：只要成绩好（包括体育成绩好），而又未犯什么大的错误，往往就“三好”了；而这里所需的“成绩”又非多数学生能够达到（因为“三好生”是有名额限制的呀），因此，“三好”导向的结果是“一好”——分数“好”！

第三，现在的“三好生”往往带着太明显而且太强烈的功利色彩。多年来有关部门明确规定，不同级别的“三好生”、“优秀学生干部”可以在升学时加多少多少分——看，“三好生”最后也折算成了分数！因此，在中学，凡是能够享受招生加分的市级以上的“三好生”指标，统统给毕业班；而有的为了自己班级利益的班主任和为了自己子女前途的家长，为了争得“三好生”往往不择手段。在高校分配时，如果是“三好生”、“优干”或“优秀大学生”，必然会给予各种照顾，享受各种优惠。在这诱人的利益驱动下，为数不少的“三好生”、“优干”成了不择手段的追名逐利之徒。仅就这一点而言，什么“品德好”，在我看来是莫大的讽刺！

在实施素质教育的今天，“面向全体”也理应包括各种鼓励与荣誉，而且这“鼓励”和“荣誉”应该充分尊重每一个学生的个性，而非简单地用“三好”的标准一刀切地去“规范”所有千姿百态、五彩缤纷的青春花朵。同在蓝天下，都是大写的人！而每一个人都是大自然中独一无二、不可重复的杰作！从这个意义上讲，人与人之间的关系远不是什么互相学习的关系，而是各自充分展示自己独特个性、互相争奇斗艳的关系。在这里，我不得不再次引述我多次引述过的苏霍姆林斯基的一段话：“共产主义教育的英明和真正的人道精神就在于：要在每一个人（毫无例外地是每一个人）的身上发现他那独一无二的创造性劳动的源泉，帮助每一个人打开眼界看到自己，使他看见、理解和感觉到自己身上的人类自豪感的火花，从而成为一个精神上坚强的人，成为维护自己尊严的不可战胜的战士……人的充分的表现，这既是社会的幸福，也是个人的幸福。”（《给教师的建议》）

我们期待着，民主的教育不只是能够“培养”出少数“三好生”，更应该是真正让我们的每一个学生都成为“维护自己尊严的不可战胜的战士”。

沉重的思考

如果说，几年来我们对德育的反思多是停留在“学生怎么了”的话，那么，面对一位品学兼优的女中学生自杀后留下的“教育遗产”（见《中国青年报》1988年7月8日第一版发表的拙作《她给教育者留下什么“遗产”？》），我们每一位真诚的教育者不得不把解剖的刀刃对准自己了：“教育者怎么了？”

北京一位中学生在去年9月9日的《北京青年报》上以《难道我们的教育真的毫无责任吗？》为题写道：“不少毕业生对他们的恩师说：‘您希望我们做好人，可社会容不下我们啊！’对此，恩师们往往叹息世风日下，然后回到讲台又向新一批学子传授自己坚信正确的道理，期望培养出一代‘出污泥而不染’的‘接班人’，可这一切不过是轮回而已！”

——这正是我们教育者的危机所在，也是我们德育的危机所在。

一、中学德育危机的种种表现

（一）德育效果微弱

有人认为，我们现在的德育建设，应是对“文革”以来“乱了套”的德育的“拨乱反正”。他们一往情深地怀念“17年教育”。不可否认，“17年教育”的的确确培养了整整一代现在已成为我们民族栋梁的祖国建设者；但我们也应清醒地看到，“17年教育”本身也潜伏着祸根：德育的“政治化”、“纯洁化”和或多或少体现出的封建残余思想，造就了一批冲锋陷阵的红卫兵。

现在社会风气不好，原因是多方面的，当然不能仅仅归咎于教育，但学校德育能心安理得吗？去年5月4日《成都晚报》报道：“成都市公安机关最近在某重点中学抓获了一个强盗集团，六名犯罪分子都是共青团员或团支部书记。”如果说他们都是因社会不良风气的影响而堕落，那我们教育出来的学生何以如此“经不起考验”？再看看是中学生佼佼者的大学生吧——现在高校学风不正已引起世人震惊，连大学生自己也在去年第一期《中国青年》上撰文惊呼：“我们究竟出了什么毛病？”但是我们不妨统计一下：在现在的大学生中，共产党员、共青团员有多少？中学曾被评为三好生、优秀学生干部的学生又有多少？这些数字想必不会很小。而这对我们中学的德育岂不是一个讽刺？

现在改革已进入关键时期，究竟有多少学生具备适应现代社会、改革大潮需要的思想水平、道德风尚、心理素质和各种能力？实在令人不敢轻言乐观。

类似德育效果微弱的例子，不胜枚举。

（二）德育方式的虚假

从总体上看，中学德育主要是通过政治课教学、团队活动和班主任这三方面来进行的。恰恰是在这三个方面，传统德育暴露出了某种程度的虚假性。

我曾在中学生中进行调查：“你最不喜欢的课程？”答案惊人的

一致："政治课。"学生普遍反映："政治课内容脱离实际，套话太多！""老师讲的和我们想的不一样，和我们看到的社会现实更不一样。""我们背政治就是为了考试。"

现在中学里的团员占学生总数的比例越来越大，而我们的校风与之并不相称。这除了确有不少团员放松了自己的要求外，还有一个重要原因，就是我们团组织的发展往往缺乏真正的实事求是。为了升学，为了显示"政治上积极要求进步的人"很多，还为了各种原因，相当一部分并不符合团员标准的人却入团了。多年来，我们的教育往往用"政治面貌"来取代对一个学生的全部评价。一个学生入了团，便得到了一种社会承认：他是好学生。这不能不使人感到团员的"贬值"。

在班主任工作方面，形式主义的主题班会、装腔作势的演讲比赛、弄虚作假的操行分数、被迫上交甚至被展览的"优秀日记"、违背生活真实与心灵真实的作文……运用这些曾经是我们的优良传统而后来却日渐霉变的形式，我们不少心地善良的老师却培养出了说假话的学生。一次，某校一个班的学生写作文《迟到》，大多数学生都不约而同地构思着学雷锋做好事而迟到的情节。这些学生真诚地以为自己是在反映"生活的本质"、"社会的主流"。有时我们精心组织一场英模报告会或形势教育讲座，以期学生被"深深地感动"，谁知却事与愿违，于是我们便一味埋怨学生"不理解"、"哪像五六十年代的中学生"……

（三）德育内容的陈腐

万里同志曾尖锐指出："我国陈腐的传统教育思想和教学方法，可以说是一种封闭型的教育思想和教学方法。教育内容是固定的、僵化的，教育的任务就是灌输这些内容，不能稍加发挥，不能问个为什么，更不能怀疑。"（《在全国教育工作会议上的讲话》）这段话，我以为同样适用于对传统德育的批判。最近公布的《中共中央关于改革和加强中小学德育工作的通知》也指出："德育内容和方法存在着一些脱离实际和呆板生硬、成人化等倾向，缺乏实效和吸引力。"

我认为，传统德育内容的陈腐主要表现在：第一，脱离社会实际。比如，我们以往的德育偏重于"光明面教育"，学生一踏入社会便有一种受骗感。第二，脱离学生心灵。曾有一名学生激愤地对我说："有那么多的政治课、团组织生活和班会课，却很少谈我们真正关心的问题。"第三，德育内容过分"政治化"、"成人化"、"纯洁化"。长期以来我们的德育总是把一切问题都提高到"政治高度"来看待，而缺乏起码的人性教育、公民意识教育。我们总是希望把每一个学生都培养成心灵纯洁高尚的人，这当然是应该的；但我们又忽视了引导学生正视生活中的丑恶现象，学生对社会缺乏必要的认识，使不少"纯洁的学生"一入社会便感到窒息。第四，一些德育内容还带有明显的封建的色彩。比如，在师生关系上，我们很少与学生建立平等民主的关系，不是培养学生"吾爱吾师，吾更爱真理"，而实际上提倡的还是传统文化中的"一日为师，终身为父"的绝对服从。最近，乐山市一名师范生因给报社写信批评了某中学的一些不合理现象，就受到学生所在学校领导的严厉责难；最后，这位未来的人民教师竟饮恨自尽！——陈腐的传统德育便是如此扼杀学生的独立意识和神圣权利！

（四）德育师资的低劣

毫无疑问，改革开放的十年来许许多多有着真诚社会责任感的德育工作者为改进和推进我们的社会主义德育事业做了大量艰苦的努力，并取得了成绩。但从总体上看，正如《中共中央关于改革和加强中小学德育工作的通知》所说："德育工作队伍的素质还需进一步提高。"社会主义现代化成功的希望，在于思想素质现代化的一代新人，而这又只能由思想素质现代化的教育者来培养。正是在这一点上，我们的德育师资还很不适应新形势的要求。我们不少老师，有责任心，工作踏实，勤勤恳恳，但观念陈旧，方法过时，缺乏现代意识与独创精神，繁重的工作任务又使他们无暇学习现代教育科学理论。保姆式、警察式的班主任都属于这种情况。面对变化不断的教育对象，他们感到困惑："唉！老办法不灵，新办法不明，蛮办法不行！"

（五）德育理论的匮乏

北师大教科所李意如同志曾指出："在社会科学领域，教育学是比较落后的。而在教育学中，德育理论研究又是一个比较落后的部分。……我们还没有建成自己的德育理论体系，这影响到德育改革的进程。"的确，这是一个令人痛苦而又不得不承认的现实：泱泱大国，在最近几十年来，竟然没有世界公认的第一流的、有着自己完整理论体系的教育家！

从某种意义看，建国以来我们的教育一直是政治的附庸，教育理论也随着政治形势的变化而变化：忽而"教育要革命"，忽而"阶级斗争是一门主课"，忽而又"开门办学"……可以说，如此动荡不安的变化，正是我们的教育科学包括德育科学理论至今建立不起来的重要原因之一。

即使在目前，我们的教育研究也明显地轻视德育。一般教师宁愿搞教学研究也不愿从事德育研究，似乎前者才具有科学性。在这种情况下，德育理论研究园地的荒芜当然就不难理解了。

二、德育危机原因初探

从根本上说，目前的德育危机源于两个"冲突"——物质发展与精神建设的冲突，传统文化与现代意识的冲突。

人类对美好生活的追求，总是希望物质发展与精神建设和谐统一，然而在历史发展的每一个具体阶段，二者的发展往往难以绝对保持同步，总是有所侧重。这就必然带来相对的物质危机或精神危机。从50年代末到“文革”结束，我们可以说几乎都在抓“精神建设”，以致使物质发展到了崩溃的边缘。最近十年，随着全党工作重心的转移，我们的主要精力是抓“物质发展”。在这一大的历史背景中，即使提出“两个文明一起抓”，但实际上精神建设很难落到实处。因此，德育呈现危机，应该说有一定的社会原因。

孕育了几千年古老文明的中华传统文化无疑是文明宝贵的精神遗产，在今天及未来的时代发展过程中，它的积极因素还必然将发挥出强劲的生命力。但我们也不能不看到，传统文化中的一些陈腐意识已经阻碍着我们民族文化的更新，因而正受到一系列现代观念的挑战。而德育作为传统文化的部分，也不能不面临现代意识的冲击。要么在僵化中灭亡，要么在扬弃中新生——处在这历史发展的“交接点”，德育的危机是很自然的。

“两大冲突”对德育的影响主要表现在以下五点：

（一）德育的危机实质上是道德的危机。

道德的继承性和延续性是显而易见的，但一个时代必然有一些新的道德规范，这也是历史发展的必然。随着社会主义商品经济的发展，必然呼唤与之相适应的道德规范，而传统道德中某些内容显然已经属于昨天。问题在于，融合传统美德、共产主义道德和符合社会主义商品经济新秩序所需要的新道德的一系列思想观念和行为规范，并未应运而生。而一些教师往往对商品经济所必需的新观念大摇其头。这种暂时的“道德危机”反映在学校教育中，必然是德育的危机。

（二）封建意识在德育上的反映。

用不着多么高深的理论水平，任何一个诚实的教师都可以看到，传统德育中确有不少封建遗毒。如注重教师“一言堂”的“人治”，而缺乏对学生的民主教育和“法治”管理；注重师生关系上“师道尊严”的等级观念，而缺乏自由、平等的现代意识；注重“唯师”、“唯上”的对权威的盲目崇拜与迷信，而缺乏创造性、独立性与进取精神的培养……德育中的这些封建意识，面对日益发展的现代化建设，必然感到空前的“危机”。

（三）传统政治文化在德育上的反映。

儒家的“以德治国”论、传统政治中的“道德中心主义”反映在德育上便是“思想工作”的“泛政治化”、“泛道德化”。几千年的封建统治使我们的民族有着浓重的“臣民意识”，封建统治者需要的只是百姓的绝对服从。这反映在德育上便是长期以来的“听话”教育，使学生只有义务意识却没有权利意识，更没有任何自己的独立思想与独立人格。而现在，我们的社会已经开始走向法治，人们的思想日趋活跃，人的主体意识开始觉醒。在这种情况下，曾经服务于“大一统”政治的德育便显出了自己的苍白无力。

（四）传统思维模式在德育中的反映。

最近，不少学者提出，西方传统的思维模式注重的是活动的细节，追求的是精细，因为他们更注重个体与局部；而以中国为代表的东方传统的思维模式则偏重于对事物的总体把握，只求模糊，因为我们注重共性与整体。客观地说，这两种思维模式本身并无优劣高下之分，因为这两种思维模式对人类文明的发展都是至关重要的。但是，只重共性而忽视个性的传统思维模式则给德育带来了不少消极的影响。这种影响的最大弊端，就是压抑了学生的个性发展。比如，我们喜欢用一个英雄模范为榜样，让几亿青少年学生只能有一种人生模式的选择。又比如，我们的学校、班级从教育的内容到教育的方式都是高度统一的，缺乏个性特色，有时甚至连简单的教室布置的评比，也要绝对统一：规定必须贴什么宣传画、写什么格言、扫帚怎么放置等等。这种“一刀切”的德育怎么能适应充分尊重个性、鼓励人们充分展示自己个性的现代社会？

（五）国民弱点在德育中的反映。

鲁迅一生致力于国民弱点的研究，并以改造国民弱点为己任。他认为，国民弱点由传统文化熏陶而成。传统文化产生于一定的经济条件，但它一旦形成，甚至融入民族性格，便会影响着经济的发展、历史的进步。近年来不少学者发展了鲁迅对国民弱点的研究，把我国的国民弱点归纳为“欺瞒症”、“近视症”、“非我症”、“依赖症”、“不合作症”、“良知麻木症”、“守旧症”等七种。德育的弊端实际上也暴露了我们民族性格的弱点。下面着重谈谈“欺瞒症”、“近视症”、“非我症”、“依赖症”在德育中的反映。

第一，“欺瞒症”。反映在德育上，便是只对学生进行“形势大好，越来越好”的“光明面”教育，而不愿对学生实事求是地讲阴暗面。宣传英雄人物，也总是十全十美，总把一些“有损英雄形象”的“不足”掩饰起来（如雷锋的手表、皮夹克，张海迪的婚事等等，最初宣传时都只字不提，以塑造一个“完人”）。另外，前面提到的许多形式主义的教育方式，明知是走过场，没有多大实效，也打肿脸充胖子，作为成绩大吹大擂。

第二，“近视症”。德育的急功近利，把德育过程简单化，总是希望通过一次报告、一次讲演、一次班会、一次谈心……便能立竿见影地解决学生的思想道德问题。热衷于表面上轰轰烈烈的各种德育活动，而不愿做长期深入细致、真正面对学生实际的工作。

第三，“非我症”。我们的德育很不注重增强学生的主体意识、自我意识，致使学生的个性受到压抑，独立人格得不到发展，自己不相信自己，不敢向老师提出问题或意见，迷信书本，膜拜权威，多是温良恭俭让的“谦谦君子”，而少有善于独立思考勇于创新的开拓者。

第四，“依赖症”。有人把现在的学生称之为“抱大的一代”，那么，究竟是谁在“抱”？我以为一手是家长，一手则是教师。学生从幼儿园起形成的依赖性不必多说，仅从传统德育对教师的评价我们便可看出学生的依赖性是怎样被强化的：在一些学校，越是寸步不离地守着学生上自习、做课间操、搞清洁卫生的班主任，越是受到领导的表扬。台湾作家龙应台曾写下《幼稚园大学》一文批评台湾大学生“独立处事的能力还不到五岁”。我看，相当一部分大陆学生又何尝不是如此?

以上对德育的分析仅仅为个人的一孔之见。批判当然不能代替建设，但建设的便是批判。正如青年马克思所说：“新思潮的优点恰恰在于我们不想教条式地预料未来，而只是希望在批判旧世界中发现新世界。”（《马克思恩格斯全集》第一卷第416页）危机也罢，困惑也罢，阵痛也罢……这一切都是属于我们自己的。让中国教育走出困境、走向未来，这是我们这一代教育者的天然使命，也是我们民族现代化成功的希望。

【整理附记】

犹豫了许久，终于还是决定把这篇文章收进这个集子。为什么会犹豫呢？因为今天再来看这篇发表于1989年5月20日《中国青年报》的文章，我明显觉得文中有些观点过于偏颇、语言过于尖刻，情绪大于理智，总之，或多或少打上了那一时期的精神烙印。我之所以最后还是决定收进这个集子，固然是因为我觉得文中所反映的当时的德育危机毕竟是真实的，至少可以让后来的教育者了解那一时期的德育状况；但更重要的原因是，我深深感到，这么多年过去了，本文所提到的一些德育问题并未有大的改观，有的方面甚至更为严重——

据1998年9月19日《中国青年报》报道：教育部“经济转型期中小学生的道德教育”（“九五”重点课题）课题组，最近对北京、上海、哈尔滨、郑州的25所中学和25所小学的100名分管德育工作的副校长、政教处主任和班主任老师，进行了关于对教育对象评价的调查。结果这些德育工作者说出的评价学生的话，大约70%是批评性、否定性的话，能说出学生品德方面优点的老师很少，认为现在的学生总体上比过去强的老师更少，只占百分之几。这些德育工作者究竟是怎样评价他们的教育对象的呢？他们认为现在的学生“缺乏远大理想，缺乏甚至根本就没有信仰”、“追求名牌、享乐主义风气盛行”、“以自我为中心，特别看重个人”、“缺乏奋斗和吃苦的精神、任性娇气”、“传统教育难入人心”……

应该承认，这个调查结果的确反映了当代中小学生的某些不足。但我认为，从总体上讲，当代中小学生并非“今不如昔”。我不打算在这里批驳这100名德育主管领导对学生的评价，但是，我要问：难道我们的学生真的一代不如一代？现在的学生真就一无是处？是学生出了问题，还是教师的思想出了问题？随着时代的进步，我们应该以怎样的眼光来打量我们的学生？这个调查结果究竟是反映了学生的问题呢，还是更反映了教育者在德育观念方面的问题？如果对我们的教育对象都缺乏起码的全面了解、科学分析，我们的德育还有什么真诚可言？如果我们的德育工作者的思维方式仍停留在五六十年代，我们的德育还有什么资格奢谈“面向未来”？

如此看来，这篇20多年前被认为“偏激”的文章，今天看来多少还是有一点点意义的——但愿再过20年，这篇文章仅具有“历史存真”的备忘作用。

PART4

第四辑 引导学生自我管理

我们个人也许无法减少目前“应试教育”对学生心灵的戕害，但我们起码可以做到决不助纣为虐！当我们不把分数和名次作为对付学生的“杀手锏”的时候，我们的教育就开始向着人性、人情和人道回归了。

名次与座次

根据考试成绩来排名次，已经不是新闻了；但根据名次来安排学生座次，倒是一件“新鲜事”——至少我是最近读某报时才得知的。而且，更令我吃惊的是，该做法是被当做“素质教育”的一项“改革举措”推出的，理由是：“进一步增强学生的竞争意识，并完善教育竞争机制！”

我不知道现在学生的“竞争意识”是否真的很淡薄，我只知道现在有相当一部分学生患有“分数恐惧症”、“名次恐惧症”，我担心他们现在还将患上“座次恐惧症”；我不知道现在学校的某些“教育竞争机制”是否真的有必要完善，我只知道目前不少学校的所谓“教育竞争”不过是“分数竞争”、“应试竞争”而已，如此严重违反党的教育方针、违背教育科学、无视学生尊严的“竞争机制”，当务之急应该是予以废除而不是“完善”。

“党的教育方针”当然是一个很不时髦的提法，但现在有必要重申。过去说“德智体美劳全面发展”，现在强调“两全一主动”（即“面向全体，全面发展，让学生主动发展”），核心都是一个：让每一个学生健康而全面地发展。而根据名次来排座次则是引导学生畸形而片面地发展：在德智体美劳中，只注重文化学习；在文化学习中，只注重课内知识；在课内知识中，只注重应试知识；在应试知识中，只注重考试分数！——如此“竞争”的结果，离党中央大力提倡的“素质教育”相差何止十万八千里？

教育应按教育科学办事，这说法近乎“废话”，但按名次排座次的“举措”恰恰就是违背教育科学的。“教育科学”当然是一门博大精深的学问，但其基本要义无非就是目中有“人”——把学生当成有血有肉有个性的“活体”，而不是“学习机器”、“考试机器”；既然学生有个性，教育就应正视学生发展中的个体差异，并想方设法让学生在自己独有的智力、能力基础上有所发展，而不是企图依靠名次与座次挂钩的办法来把所有学生学习上的个性或差异削平——而事实上，学生的差异是不可能“削平”的。因为这差异是客观存在的，不然，孔夫子为何有“因材施教”一说呢？

即使少数学生的考试分数的确因名次与座次的“刺激”而有所提高，但代价却是心灵的伤害、尊严的剥夺。教育民主应该是社会主义教育的天然内涵；平等地享受教育，是每一位学生不可剥夺的权利；尊重学生，教育公平，更是最基本的师德。而把学生的名次与其座次挂钩的做法，与其说是对学生上进心的激励，不如说是直接对学生自尊心的羞辱！苏霍姆林斯基曾有感于学生自尊心的伤害而告诫教师：对待学生的自尊心，“要像对待一朵玫瑰花上颤动欲坠的露珠那样小心”。但在一些教育者眼中，学生既然已异化为“考试机器”了，当然就无所谓“自尊心”了。于是，本应充满人性的教育成了冷酷的“应试训练”！

其实，作为教育第一线的教师，我有一万个“理由”理解、同情“名次与座次挂钩”创造者的苦衷。他们无非是在“应试教育”的压力下做着违心而且痛苦的事。但是请别忘了，真正的素质教育的具体实施，最后还得靠我们每一位教育者从转变观念、改进方法做起，其中包括教育实践中大量点点滴滴的小事——比如，让名次与座次脱钩，甚至干脆连名次也予以取消！

我看“分数与隐私”

学生的考试分数当然是隐私而且应该受到保护，我认为这本是个不需要讨论的问题。道理很简单：现在的分数与学生的尊严紧密联系在一起，特别是对于一些所谓“差生”，其分数甚至成了他们被羞辱的理由——作为有起码人道主义情怀的教师，难道保护学生的“分数隐私”不就是保护他们的自尊心吗？

当然，由于种种原因，特别是由于长期以来国人普遍缺乏“隐私意识”，现在公民的许多基本的隐私都难以得到保护，所以在这样的“国情”背景下，如果独独对学校提出保护学生的“分数隐私”，实在是有些理想化。试问：学生的家庭情况是不是隐私？学生父母的经济状况是不是隐私？学生在原来学校犯过的错误是不是隐私？学生的社会结交是不是隐私？学生的书信往来是不是隐私？等等。细细想来，这些都应该算是公民（学生当然也是公民）的隐私。但是，作为被教育者，因为“教育的需要”，这一切都不是隐私了——有的教师连学生的信件都要拆看，学生还有什么“隐私”可言？相比之下，公布学生的考试分数及其名次，在相当多的教育者眼中，实在算不上什么“侵犯隐私”。

而且，“分数隐私”之所以得不到保护，还有目前教育体制的原因。

"应试教育"需要分数和名次的"公开化"和"透明度"——教师希望借助分数和名次来刺激学生的"上进心"，多数学生也希望（虽然是迫不得已的"希望"）通过分数与同学"拼搏"、"竞争"，家长们更希望从分数中看到子女的"差距"与"进步"……在如此浓浓的火药味中，谈何保护"分数隐私"？可以说，只要"应试教育"不亡，所谓"保护学生分数隐私"云云，就只能成为一句空话。

但是，现在人们"隐私意识"的觉醒毕竟是一个了不起的观念进步；教师开始认识到"分数与隐私"的问题，也不是一件没有意义的事。尽管如前面所说，我们现在还难以做到将考试分数作为学生的隐私而保密，但意识到"分数应该是学生的隐私"则可以让教师的心中多一份对学生的尊重和理解，特别是对于"屡战屡败"的"差生"，我们会比过去多一些充满人情味的关爱。我们个人也许无法减少目前"应试教育"对学生心灵的戕害，但我们起码可以做到决不助纣为虐！当我们不把分数和名次作为对付学生的"杀手锏"的时候，我们的教育就开始向着人性、人情和人道回归了。

请尊重学生的选举权

三好生的产生究竟是由教师内定，还是由学生选举？我们的回答是：当然由学生选举确定！然而，在某校的一次班主任会上，笔者却听到了这样一段对话——

某班主任："唉，我班的学生太不像话！选三好生时，净选些我不喜欢的娃儿；我喜欢的，一个都没有选上！"某校长："怎么能让学生选三好呢？注意：应是评三好生，而不是选三好生！"某政教主任："其实让学生选也是可以的，只是选了以后由班主任统计选票作内部调整，然后公布结果。反正学生又不晓得！"听到这里，我惊愕不已：岂止是不尊重学生？——简直就是对学生的欺骗！

当然，这几位教育者未必是存心欺骗学生，他们也许是想扶正压邪，让真正的三好生脱颖而出。但是，以剥夺学生选举权来纯正班风，其班风绝不可能因此而纯正起来。相反，这样做的结果，只会扭曲学生心目中业已形成的健康的道德观念，败坏我们神圣的教育！

以上几位教育者的话也许并不具有代表性，但类似的认识却不能说没有一定的普遍性。对于三好生（包括班干部）的确定，不少班主任总习惯于自己说了算。在他们看来，学生懂什么？难道老师看中的人不是好学生吗？不应该受到学生们的拥戴吗？

正因为如此，我们要大声疾呼——请尊重学生的选举权！

尊重学生的选举权，有利于培养学生的是非判断能力。在选举的时候，学生庄严地举起右手或交上选票之前，他不能不严肃地思考：什么是真正的"三好"？班上哪些同学才真正值得我敬佩？……教师为学生提供这样的思维过程，便是给了学生一次自我教育的机会，学生的是非观念、道德观念正是在这一次次实践（比较、辨别、判断）中逐步形成的。若一切都由教师内定，这些便都不存在了。学生会产生一种依赖思想：反正一切有老师，好与不好当然是老师才有发言权，我们学生总是幼稚的！试想，这样的学生怎么可能建立起高尚而坚定的社会主义道德信念？

尊重学生的选举权，有利于强化学生的集体主义主人翁责任感。集体主义情操的培养应是中学德育的核心。而班级集体主义教育不应仅仅是纯观念的教育，同时也应该是集体主义行为的训练。班级一切活动都是学生形成集体主义观念的良好途径。其中，让学生对班级建设发表自己的看法，让学生对同学作出自己的评价，便是使学生切身体验班级主人的责任感。对三好生、班干部的选举，绝不仅仅是让少数学生感到一种荣誉，而是让每一位投票者感到自己对集体的义不容辞的责任，感到作为集体主人翁的神圣与自豪！若剥夺了学生的选举权，则无疑是在无声地告诉学生：玩儿去！班里事儿与你有什么相干？这样，教育者平时“苦口婆心”“语重心长”的集体主义教育便被自己不知不觉地否定了！

尊重学生的选举权，有利于鼓励三好学生、班干部们更好地为同学服务、为同学负责。既然三好生、班干部是由全班大多数同学确定，那么，想当三好生、班干部就应该多为同学服务，接受同学监督。这样产生的三好生、班干部，才会真正受同学们拥戴，而当选者也才真正感到自豪。若学生对三好生、班干部的产生竟无影响力，那么班级舆论实际上是在鼓励虚荣心与投机者：反正只要在教师面前表现乖巧些，就能获得荣誉。这样，我们教育者所深恶痛绝的表里不一、两面三刀、投机取巧、双重人格等现象便很容易产生。

有人也许会问：“照这样看来，班主任就只有一切听命于学生了？教育者的主导作用又从何体现呢？”

教师的主导作用当然要体现，尊重学生的选举权也绝不是“一切听命于学生”。但“主导作用”重在“导”——开导、疏导、引导，而非“一手包办”地“领导”。教师对学生的引导主要在平时大量的、各方面的或理直气壮或潜移默化的教育，这些教育集中到一点，就是要让学生懂得辨别美丑善恶是非的道理，并把这种道理转化为植根于心灵的道德信念。我不否认前面那位班主任所说的他班发生的不正常选举现象出现的可能性，但这恰恰暴露出这位教师平时的教育失误。面对是非颠倒的选举结果，他应做的不是剥夺学生的选举权（这样实际上是把自己的责任统统推给学生），而是设法营造一个良好的班风。在集体舆论健康的班级里，至少大多数学生的道德评价、是非判断与班主任是一致的。班主任也正因为如此而坦然自若地尊重学生们的选举权。表面上看，教师对学生的选举“放任自流”，而实际上教师已通过平时的教育引导不露痕迹地决定了学生们的正确选择——教育者的理智与艺术正在于此！

至于“让学生选了之后，班主任自己统计选票，作内部调整”的“妙计”，则属于典型的“虚伪的民主”，这不仅是每一位有良心的教育者所不能接受的，更是我们的社会主义民主教育所不能容忍的！

培养学生的自育能力

学生自我教育的重要性已日益引起不少教师的注视，但这不意味着班主任可以放任自流。恰恰相反，强调学生的自我教育，这对班主任的要求更高了，要求班主任必须研究、采用一些科学的办法，教育学生自我教育，让被教育者不仅仅在学生时代而且终身都具备自我教育的能力。

培养学生的自育能力，首先是教育学生能正确认识自己、评价自己，这是自我教育的起点。所谓自我认识，主要还不是指学生看到自己的缺点、弱点，而是让学生在集体活动中认识到自己在思想、品质、智能、才干等方面表现出来的突出的甚至是独一无二的优势。做到了这一点，他会自然而然地激发一种人的尊严感、自豪感，从而产生一种内在的乐观情感和进取精神。

培养学生的自育能力，还要引导学生乐于并善于自己控制自己，自己战胜自己。要让学生懂得，自己所做的一切，首先是面对自己的心灵，自己就是自己行为的审判官。对自己的约束力量，不仅仅来自纪律，更主要的是自己的意志、义务和良心；如果做错了一件事情，首先想到的是对不起自己，要让学生养成“吾日三省吾身”，随时自己批评自己、自己鼓励自己的习惯。

培养学生的自育能力，还表现在增强学生的独立工作能力和组织能力，让学生自己管理自己。应当指出，学生自治自理能力的培养，绝不应仅仅限于少数学生干部，而应对全体学生；自治自理的内容，也不仅仅是班干部工作，而应包括班集体的一切活动。学生通过具体的工作锻炼，不仅可以培养多种能力，还可以发现自己某些潜在的特长，并体会到劳动、创造的乐趣，更主要的是，能够培养起对他人、对集体的一种义不容辞的责任感。

培养学生的自育能力，还必须造就一个良好的班集体。纯正的班风，健康的集体舆论，对每一个学生都是一种强大的约束力量。让学生集体中的一部分学生去影响、感化另一部分学生的转变，让每一个学生能够出于对班集体的由衷热爱而自觉地严于律己——这正体现了学生集体的自我教育。

学生的自育能力一旦形成，不仅使学生在校学习期间受益匪浅，将来步入社会，也能抵御不良社会风气的侵袭，自我净化，成为一个有利于社会的合格人才。

让每个学生都成为班级管理者

培养学生干部，班主任首先应具备崭新而科学的“学生干部观”。优秀的学生干部无疑是班主任的得力助手，但又不仅仅是助手。他们既在工作上给班主任以有力的配合，又作为全体学生代表对班主任工作进行有效的监督。同时，我们培养学生干部的目的，也不只是为了使自己图个轻松，而是为未来培养组织者、管理者的幼苗。有了这些基本的指导思想，在培养学生干部的具体实施方面，笔者有如下建议。

一、学生干部的培养应面对全体学生

如果我们把学生干部的培养放在育人的高度来认识，我们就不会仅仅着眼于少数学生。从教育心理学的角度看，每个学生都希望自己受到信任，渴望自己的长处得到展示，这种正常心理，理应被教师尊重。至于怎样让每个学生都能当干部，不少班主任有许多有效的具体做法，如“轮流班委制”、“值周班长制”、“常务班委和执行班委制”等等。也有教师担心“轮流执政”会削弱班干部队伍的稳定性，使班级缺乏学生核心，从而影响班级建设。为防止这种情况，班干部的配备组成，可采用相对固定与短期轮换相结合的办法。比如，班长任期可长达一年，一般班委任期一学期或半期，小组长任期一个月或半期等等。另外，平时一般班委的变动，也不宜“一锅端”地全部换，而应部分调整，逐步轮换。

二、学生干部的培养关键是思想观念的培养

1. 服务意识。学生干部也应“新官上任三把火”。不过，这里的“火”既不是“开场戏”，更不是“下马威”，而是“冬天里的一把火”——对同学真诚周到的关心。我经常这样对新任学生干部讲：“你们上任后一个月之内，只做一点：尽可能细心地在各方面关心帮助同学。要谈化‘干部’意识，要强化‘仆人’意识。让同学们觉得你们是最值得尊敬与依赖的人。这样，你们的威信便开始形成，并为以后大胆工作奠定了深厚的感情基础。”当然，服务于同学，绝不是“收买人心”的权宜之计。我们要让学生干部在工作实践中逐步明白：自己为同学所做的一切，都不是额外的“学雷锋，做好事”，而是自己的分内之事，应尽之责。

2. 主人意识。既是同学的仆人，又是班级的主人，二者是统一的。所谓“主人意识”，有两层意思：一是工作中要有主动性和独立性，不要老是认为自己是老师的助手而消极依赖、被动待命；二是当老师的工作出现疏漏时，应勇于向老师提出，并协助纠正；同时还要敢于作为同学的代表维护同学们的正当利益。作为班级主人的班干部，他们与同学的关系应是既大胆管理，又接受监督；他们与班主任的关系应是既密切配合，又互相督促。

3. 创造意识。班干部工作确实很辛苦，但如果这些工作同时又是一种创造，那么，辛苦的同时也有快乐，因为创造性的劳动会使人越来越聪明。大到班级管理方式的选择，小到每一项具体活动的设计，都应让学生尽量体现出自己的智慧，使他们随时产生创造的喜悦。

4. 效率意识。教育并教会学生干部注重工作效率，不仅仅是为了给学

生节约时间，有利于他们的学习，更是培养学生一种现代观念。指导学生科学安排时间，合理制订计划，学会“一心多用”，善于简洁发言等等，都可逐步提高学生干部的工作学习效率。我开班干部会时，总是和学生干部一起站着开班委会，这么小小的一件事，就增强了学生的紧迫感与时间观念。

三、学生干部的培养更多的是为他们提供机会

上述思想观念的培养，绝不是靠空洞的说教，而是让学生“在游泳中学会游泳”。教师指导当然是需要的，适当培训也未尝不可。但最重要的是，教师要大胆放手，为小干部们提供大量独当一面、大显身手的机会。即使学生在工作中遭到挫折，这也是对他们必有的锻炼。何况学生的潜能是不可低估的，几个小学生都可以组织一场精彩的足球赛。学生的个性与潜能一旦发挥、释放出来，其工作热情与创造精神往往会使教师惊叹。

四、学生干部的培养离不开学生集体的健康舆论

一般教师往往认为，好的班级有赖于一支好的学生干部队伍。这话只对了一半。还应该说，有几流的班集体，就有几流的班干部。因为班级舆论是否健康，非干部学生对学生干部的评价是否公正，这直接影响学生干部的工作热情与工作质量。造就良好的集体舆论，班主任可做这些工作：第一，学生干部的产生，必须经过真正的民主选举，即使学生自荐，也应投票通过。这样才能使学生们感到班干部是“我们自己的选择”而非教师的强加，从而有积极配合的思想感情基础。第二，定期让学生对班干部进行评议或投信任票，既让学生干部随时感受到同学的鼓励与监督，又以此引导学生公正无私地评价班干部。第三，期末发动全班同学向班干部写致敬信，感谢他们的辛勤劳动，还可评选“最佳班级活动”、“最佳学生干

部”等等。第四，对少数工作不佳的学生干部，一方面要进行个别的帮助与指导，另一方面要引导学生们发现其工作中某一点可取之处，然后在班上大力表扬，以鼓起这些学生干部的热情与信心，使他们的工作能力在自己原有的基础上能有所提高。

开展小组竞争　增强班级活力

小组是班级学生群体的基本单位。小组建设得好，整个班集体自然会呈现出良好的班风，这应该是一个显而易见的道理。然而，以前虽然我在班上一直都设了小组，但其作用并未显示出来或发挥得不明显，究其原因有四：一是教师本人思想上重视不够，总以为小组这种传统形式在新时期德育工作中已难以发挥出更多的教育效益。二是分组不科学，以前班上的小组多是以学习成绩好坏来搭配或以方位座次来组合，而且班内各种小组太多（卫生小组、学习小组、体育锻炼小组等），这在客观上也阻碍了小组积极作用的发挥。三是小组之间缺乏积极和竞争，每个小组很少把自己放在全班的位置中进行建设，久而久之，小组缺乏生气，便成了一种形式而已，最多不过是一个清洁卫生单位或作业收交单位。四是虽然往往每期都在搞先进小组评比，但由于评比缺乏客观标准，大多是凭印象评比，因此评比也流于形式，使小组建设缺乏内在的动力。

针对这些问题，为了有效地发挥小组建设在班级教育管理中的积极作用，最近我在班内小组建设方面进行了一些尝试性改进与探索，以试图赋予“小组”这种传统的班级管理形式以时代精神与新的生命力。这种改进与探索的核心便是引进竞争机制，开展小组之间的各种竞赛，以推动班级建设的蓬勃发展。

具体做法如下：

1. 分组合理。小组类型太多就等于没有小组。为了便于竞争，我在班上只设一种综合小组，这种小组一旦建立，便“永久”不变，而且既是学习小组，也是卫生小组，又是体育小组，还是文娱小组……之所以将小组固定不变，是为了让小组在不断的竞争中增强凝聚力，并看到自己的发展情况。由于是综合小组，因此在人员编配时，尽量考虑各种“人才”的和谐调配，使竞赛的客观条件尽可能统一。这些小组内同学的座位也一直不变地紧挨着，如遇调换方位，也是全组一起换，这样便于小组的课堂学习交流与讨论。

2. 竞赛全面。竞赛内容尽可能包括纪律要求的各方面和班级、学校各种活动。大致有这些方面：（1）课堂纪律；（2）学习成绩；（3）劳动卫生；（4）体育比赛；（5）文艺演出；（6）出勤情况；（7）作业收交；（8）为班出力；（9）行为规范；（10）寝室纪律……

3. 规则统一。开学初，便由班委、小组长开会，拟定小组竞赛的规则。规则大致有这样几点：一是比赛采用积分制，各小组的基础分为100分，然后在此基础上或加或减。如每小组迟到一人次，扣一分；代表班集体出去比赛篮球每人加两分等等。二是比赛规则不追求表面上的绝对“公正”，而要体现出对后进小组进步的鼓励。如每次单元测验完后评比时，小组总分第一、二、三名的分别在小组分上加3、2、1分。但同时又排“成绩进步名次”，前一、二、三名的分别加5、3、2分。三是这个比赛只是“行为”比赛，而不是“观念”比赛，即仅就学生“做了什么”而展开评比，而不是抽象地评“思想觉悟”。

4. 严格监督。规则一旦制订，便由班干部和各小组长严格监督，具体由班长记录各小组积分的进展情况，各小组长也有一本“账簿”，以便查对。积分一月公布一次，使每组都明白本组在全班的地位。

5. 客观评比。竞赛情况形成图表贴在教室里，同时，班长和各小组长每人手里都有一个底表，这样到了期末评选优秀小组时，根本不用再人为地凭印象“评比”，只消看竞赛表上的积分，优秀小组自然便产生了。

一期的小组竞赛活动，使我有以下感受：

首先，竞赛活动确实使小组产生了内在的凝聚力。组员们不但空前团结，而且为了使本组在竞赛中取胜，纷纷自行制订了“组规”，以保证互相监督，真正强化了每个学生的“小组意识”。

其次，小组凝聚力的产生自然带动班级风气的好转。比如，以前有的同学不好好学习，现在为了小组荣誉，不但同组同学会督促他，而且他本人也情不自禁会勤奋起来。小组内部、组际之间交流学习蔚然成风。再如，以前教室后面墙上的板报一直办得不太好，现在分到小组上，而且纳入评分，每个小组都非常认真，可以说是一期比一期好。

再次，竞赛评比使一些不好督促检查的要求也得以落实。如《中学生日常行为规范》，以前说过多少次，但总不好检查。现在将此纳入评分，一些最细小的要求（如“坐、走姿势端正”、“衣着整洁”等等），学生也不敢不做到，因为一旦老师、同学发现违反，便要扣小组分。又如教室里不随便扔纸屑，以前也是“老大难”问题，而现在根本不用我操心，每天中午自会有卫生小组检查扣分。这样一来，卫生状况的保持大大优于过去。

最后，还想谈谈两点认识：

第一，组织小组竞争，只是班级管理的一个手段，是班主任工作的一部分，它不可能一劳永逸地取代其他工作。因此，过分夸大其作用也是不合适的，我们在抓小组建设的同时，也应抓好其他班级教育管理工作。

第二，我想谈谈对“德育量化”的不同看法。我认为，德育是一项复杂微妙的精神创造，其效果既是长期的，潜移默化的，也是综合性的（既有观念的——思想、情操、修养、习惯、情趣，又有行为的各方面的表现）。而且同教学相比，教育具有“非实验性”，因为不好控制各种干扰因素。因此，从这个意义上说，“德育量化”的提法虽然新颖，却不科学，被“量化”的只是“表现”，而非德育全部效果。小组竞赛也好，操行评分也好，都只是如前所说的“行为”比赛，它可能（仅仅是可能）是德育效果的一部分，可以是德育效果的参考，但决非“量化”后的德育，因为德育无法真正量化。如果我们片面追求“德育量化”，势必使我们已经开始的德育改革回到过去政治思想工作形式主义的老路上去。

让班级管理更加科学、民主

真诚感谢《立足“建设”，还是“破字当头”》（载于《天津教育》1992年第3期，以下简称《立》文）作者对我发表在《天津教育》1991年第12期的《权威转化：学生自理的良策》（以下简称《权》文）提出了不同的看法，使我对有关班级管理的问题进行了更全面、深入的思考。

一、《班规》不是万能的，但没有《班规》则是万万不能的

我把思想教育与常规管理比作集体赖以腾飞的两只翅膀。常规管理着重面对集体，规范行为；思想教育着重面对个性，塑造心灵。二者缺一不可且相辅相成。没有科学民主的常规管理，班主任会陷入各种班级琐事而难以集中精力去塑造心灵；没有符合学生个性的思想教育，常规管理则会被学生视为“管卡压”而难以心悦诚服。

《立》文中说：“并不是不要纪律和约束。”但《立》文所认为的“纪律和约束”是什么呢？作者写道：“而是在扬起自强的风帆中，互相友爱，展现每个人的长处，从而更自觉地提高要求自己的标准，战胜自我。”很遗憾，这并不是“纪律和约束”，而是思想教育的艺术和目的。的确，教育离不开“鼓励”、“信任”、“感化”，但仅此是不够的。在进行深入细致的思想教育的同时，订立班级管理的一系列《班规》不仅应该而且必须。《班规》不是万能的，但没有《班规》则是万万不能的！我与《立》文作者一样非常赞赏“成功教育”，但“成功教育”中的“鼓励性评价”与严格的班级常规管理恰好是班级建设两个方面（并非“恰好相反”）；我相信楼老师也有符合她班情、体现她教育个性与风格的班级管理方法与制度。

二、“权威转化”的目的是引导学生自我教育

《中国大百科全书》把“权威”界定为“在社会生活中靠人们所公认的威望和影响而形成的支配力量”。我在《权》文中所提出的“把教师的权威转化为集体的意志”，就是指把在一些人看来是属于教师个人对学生的威望、权力等“支配力量”，转化为班集体对每一位集体成员的感召

力、凝聚力、影响力等“支配力量”。这种“支配力量”既表现为集体的健康舆论，也表现为班级的规章制度。《权》文着重谈的是后者。

我和我的学生并不认为“把为集体服务的劳动当成惩罚手段，这样做有伤‘劳动光荣’的宗旨”。学生们并不认为依“法”认罚（包括做值日、扫教室）是一种耻辱，因为至少绝大多数学生已逐步形成这样的观念：既然我造成了集体的某种损失，那么，我现在应当以自己的劳动来向同学们表达歉意，为集体增添欢乐、温暖和荣誉。

还需特别强调说明的是“权威转化”并不是放弃班主任的教育导向和管理权力而一味地去迎合迁就学生，因为“班级法规”里面无疑包含有某些教育者个人的意图。但是，这些教育意图与学生集体希望达到（虽然可能在行动上还暂时难以做到）的目标是一致的，而且这种意图通过班主任的引导已变成了学生的内在要求，因此，教师权威的转化，其实质是引导学生自我教育，是苏霍姆林斯基所提倡的一种教育艺术和理想境界：“教师的聪明才智在于，使学生不感觉到他事无巨细都在管束着他们和形式主义地监督他们，使孩子们把教师的意图当做自己的意图提出来并加以实行。一个真正的教育能手永远不会使孩子感到自己是一个发号施令的人。”

三、班级管理应该变“人治”为“法治”

首先声明，这里的“人治”、“法治”只是为了便于说明两种不同的班级管理思想而采取的一种类比说法，而非严格意义上的人治和法治，因为班级与国家毕竟不可同日而语。

长期以来，中学的班级管理模式基本上是班主任“一元化领导”的“人治”，这种管理方式不仅落后低效，而且往往产生一些教育负效应——

因为“人治”，教师很累：上自贯彻落实各级领导的教育意图，下到布置督促检查每天的清洁扫除，班主任日理万机，巨细无漏，可谓“事必躬亲”，“呕心沥血”！

因为“人治”，学生很苦：一切听命于班主任，创造精神受到束缚，主人意识受到制约，自觉性越来越弱，而依赖性却越来越强。

因为“人治”，教育不可避免地表现出较大的随意性：对学生的批评、表扬往往因教师当时的情绪或对学生潜在的主观印象而表现出程度的差异或方式的不同，这也使教育的威信在学生心目中降低。

因为“人治”，班级成了班主任的影子：班风的好坏主要取决于班主任个人素质的高低，而教育者所期望的学生的参与精神、主体意识、民主观念等等渐渐淡化以致泯灭。

因为“人治”，师生关系成了“君臣关系”：教师和学生之间只是绝对的教育与被教育、管理与被管理，教育出现了失误也难以及时纠正，这样，我们多年来提倡的师生平等互助的新型关系成为一句空话。

通过把教师（主要是指班主任）的权威转化为学生集体的意志，引导学生制订出某种科学民主严明可行的《班规》，便是我变班级管理“人治”为“法治”的有效尝试。其意义，并非只是“被动管束”学生，而是使我们的班级管理更加科学、更加民主。

班级“法治”管理，使班主任从繁重的事务性劳动中解脱了出来。以前我从早到晚忙得不可开交，却见事不见人：抓班级事务越来越细，离学生心灵却越来越远，而班上纪律仍不尽如人意。“法治”管理，使我基本上把日常班级事务交给了学生——根据《班规》，各司其职，而我则腾出大量时间研究学生思想，深入学生心灵，使自己真正成为“灵魂工程师”而非“班级警察”或“学生保姆”。几年来，我每天按学号轮流找一位学生谈心，并写下了十三万字的班内学生心理咨询通信，最后结集成《青春期悄悄话——致中学生的100封信》出版。若非“法治”管理，这一切是不可能的。

班级“法治”管理，使学生自我教育与自我管理的愿望真正成为现实。以前，学生的自我教育与自我管理一般只限于少数学生干部，而且他们的“管理”也是有限的——不过是班主任的助手而已。而现在，实施《班规》，不但使班干部们全权担负起班级管理的重任，而且使班上所有学生成为教育者和管理者。“学生是集体的主人”不再只是一种观念，而成为一种制度。

班级“法治”管理，使民主精神真正深入学生心灵。我班《班规》使学生与班主任享有一样的权利，学生开始尝试着民主管理的实践，并在此过程中，切身体验着集体与个人、民主与法制、纪律与自由、权利与义务、自尊与尊他的对立统一关系，潜移默化地感受着同学之间、师生之间尊严与人格的平等。可以这样说，班级的“法治”管理，实际上是让学生在实践中受到民主精神、法治观念、平等意识、独立人格的启蒙教育——而这正是21世纪社会主义现代化中国对我们教育提出的要求！

当然，“权威转化”，以“法”治班的具体做法和某些提法，都还有待在进一步探索中不断完善。但是，我所遵循的基本精神——让班级管理更加科学更加民主，却不仅仅意味着一种管理方式的改进，而关键是一种教育观念的更新；也不仅仅是班主任个人工作艺术的偶然体现，更是让我们的教育适应社会发展、顺应时代潮流的必然趋势！

【补充说明】

1991年第12期《天津教育》登载了我的一篇谈班级管理的文章《权威转化：学生自理的良策》后，引起了许多教育同行的关注，赞成者有之，也有不少同志对我的观念和做法提出质疑，其中尤其以李荼晶同志的文章最具代表性。为此，《天津教育》专门开展了讨论。

我这篇文章是对有关质疑的回答。多年过去了，今天再来看当年的讨论，我感到所有参加讨论的文章（包括李茶晶老师的文章），无论是否同意我的观点，都对我有启发和帮助。值得顺便一提的是，我班的民主化管理形式一直坚持到现在，因为实践已经证明，这种管理方式是科学的。下附我的那篇引起争论的文章和李茶晶老师的质疑文章。

附：

权威转化：学生自理的良策

李镇西

（《天津教育》1991年第12期）

科学的学生自理，既应突出学生的主体地位，又应体现教师的主导作用。“主体”与“主导”有机结合的关键，在于班主任要善于把教师的权威转化为集体的意志。其含义有二：一是班级管理中必须要有班主任的权威，没有这种权威，教师的主导作用便无从体现，学生集体便失去了思想核心，班集体很容易成为一盘散沙；二是班主任的权威不应表现为直截了当的“发号施令”，而应当以学生集体意志的形式表现出来。特别要注意的是，这里强调的是“学生集体”，而不是少数学生干部。换句话说，让学生自理并不仅仅是班主任把自己的权威变成学生干部的权威，而是要发挥所有学生的主体作用，使每一个学生都参与班级管理。

把教师的权威转化为集体的意志，这是班级管理中引导学生自我管理的重要原则。根据我班主任工作的探索和体会，完成这种“权威转化”的具体方法，主要有四点：

一、引导集体。引导集体是指班主任在班集体形成之初，要巧妙地引导学生把教师对学生的管理要求当做自己的愿望提出来，使班级纪律在学生心目中不是“班主任对我的要求”，而是“我自己对自己的约束”。新生开校，我往往递进地提出三个问题让大家讨论：“大家是否希望咱们的班成为一个优秀的集体？”（对此，学生的回答往往一致：“当然希望啦！”）“既然你们每一个人都有这种愿望，那么，为了实现这个愿望，每个人应不应该努力克服自身的缺点呢？”（学生们经过思考、议论，认识也能统一：“当然应该。”）“要克服缺点，班级需不需要制订一些规章制度呢？”（通过学生反复讨论甚至争论，至少绝大多数学生能够说：“当然需要。”）在此基础上制订的纪律，就已不仅仅是教师强加的“条条框框”，而成为学生集体的内在要求。另外，对于某些非要教师自己提出的纪律要求，班主任也应尽量设法通过学生的口提出来。和学生第一次见面，有时我还出一些小调查题让他们笔答：“以后班里出现违纪现象时，你希望李老师怎么办？”“当你犯了错误时你希望李老师怎么办？”……基于对学生心理的了解，更出于对学生的信任，大多数学生的答案没有让我失望：“希望李老师严格要求我们！”而且学生往往还提出许多具体的措施。这样，我以后大胆管理班级，就不是我与学生“过不去”，而是满足他们的愿望。因此，引导学生集体，实际上是让学生在进校之际，便在思想上处于自我管理的位置。

二、利用集体。利用集体是指班主任要善于发现学生集体中，客观存在的一些与教师权威一致的积极因素，利用这种积极因素来抑制集体中的消极因素。由于这些积极因素既是学生集体中的客观存在，又与教师意愿不谋而合，因此它虽然蕴含着班主任的教育意图，却使学生觉得这是集体的意志，而非班主任的权威。以对自习课的管理为例：班主任无疑希望自习课纪律良好，学生集体当然也有这个愿望。于是，对少数违纪学生的纪律惩罚，我从不以班主任个人的角度提出，而让学生自己摆违纪现象，论违纪危害。这样，对违纪学生来说，他们受到的惩罚，并非班主任的“铁腕”，而是来自学生集体的谴责与制约。再以对学生干部管理为例：要求学生干部认真负责，这是我与全班学生的共同愿望。在我看来，学生干部绝不应只是对我负责，而应首先对学生负责，这二者是统一的。因此，对班委干部的管理，与其让我督促，不如组织全班同学监督——学生定期对班干部投信任票，并进行书面评议。这样，学生之间的互相监督与制约，使每一位学生参与班级管理成为可能。

三、规范集体。规范集体是教师权威向集体意志转化的表现形式——学生的自我管理应规范为一种班级常规制度，以避免即兴性、随意性。本着这样的思路，我在担任高90级一班班主任时，尝试着与学生共同制订班级法规，以此作为一种制度对班级进行日常管理。我先引导学生确立制订班级法规的原则：“广泛性”——尽可能地包容班级一切可能出现的违纪情况，以后凡是班内出现了违纪现象，老师和同学都可以从中找到相应的处理措施；“可行性”——不仅提出纪律要求，同时有相应的强制办法，明确“违反了怎么办”，避免有“法”不“依”；“互制性”——既体现出学生之间的互相制约，也体现出师生之间的互相制约，特别是对班主任的合理制约。人人参与管理，人人又被管理。原则确定之后，我让每一个学生都起草一份《高90级一班纪律管理条例》，然后交学生干部归纳、整理、加工，形成初稿。再交学生反复讨论，最后全班以无记名投票方式通过了《班级纪律管理条例》。《条例》包括“学习纪律”、“寝室纪律”、“清洁卫生”、“体育锻炼”、“值日生”、“班干部”、“班主任”、“其他”共八个部分40条，基本上覆盖了班级管理的各个方面和环节。《条例》一旦正式生效，便成了班级“法律”。在它面前，班上任何人（包括班主任），既是守“法”者，又是执“法”人。师生平等的班内管理，便是共同维护和保证《条例》的权威，便是维护自己的权威。对学生来说，维护《条例》的尊严，便是维护自己的尊严。这样，班级管理便由随意走向了规范，由“人治”走向了“法治”。

四、服从集体。服从集体指的是班主任对集体意志的服从。班主任的权威已转化为集体的意志，并规范为班级规章制度，那么，班主任就应同所有学生一样，服从集体意志的结晶——班级法规。面对班级法规，班主任越是炫耀自己的权威，凌驾于集体意志之上，便越没有权威；相反，如果教师越是“放弃”自己的“权威”，自觉服从集体意志，那么，他实际上已在学生心灵中牢牢地建立了自己真正的权威——因为班主任严于律己的行为会使学生心灵受到震动，从而同样自觉地接受集体意志的约束，这同时也就是接受班主任的大胆管理。《高90级一班纪律管理条例》中，对我有如此规定：“凡每月对学生发火超过一次，或下课拖堂两分钟以上，或错批评同学一次，均罚扫教室一天。”三年中，我好几次“犯规”，开始学生不好意思罚我扫地，我便主动认惩，一人扫教室，（我认为班主任“依法自惩”必将提高《条例》的权威性——这实际上也是班主任真正的权威之所在！）这样，“纪律面前，人人平等”的观念日益深入学生心灵。有了这样的集体意志，我便不需要因而也就主动放弃了“个人权威”，但我甘愿受罚的“傻劲”却使我通过集体意志表现出的个人权威大大增强：凡学生违纪，我便照章惩罚，结果很少有人不从，因为学生把这看成是自己对自己的惩罚，因为《班规》是他们自己制订的，更因为面对《班规》，人人都没有特权。

在班级管理中，班主任权威的巧妙转化，的确是学生自我管理的良策。其意义不仅在于使学生的自我管理科学化，更使教师的班级管理民主化。

立足“建设”，还是“破字当头”

——《权威转化：学生自理的良策》引起的思考

李荼晶

（《天津教育》1992年第3期）

贵刊1991年第12期刊登的《权威转化：学生自理的良策》一文，提出“班级管理中必须要有班主任的权威”，否则“学生集体便失去了思想核心”，这种权威“应以学生集体意志的形式表现出来”。为此，新生进校，就向学生提出三个问题：“大家是否希望咱们的班成为一个优秀的集体？”“每个人应不应该努力克服自身的缺点呢？”“要克服缺点，班级需要不需要制订一些规章制度呢？”讨论后，“在此基础上制订的纪律，就已不仅仅是教师强加的‘条条框框’，而成为学生集体的内在要求”。以后再出现违纪现象，“对违纪学生来说，他们受到的惩罚，并非班主任的‘铁腕’，而是来自学生集体的谴责与制约”。

我看到上海闸北8中楼蓉禧老师在“成功教育”中所做的实验，恰好跟《权》文相反。

这位有17年教龄的班主任，曾以“凶”闻名，过去往往“以教鞭代替学生的自信，总把学生管得服服帖帖”，然而，学生成批的仍是“失败者”。后来，她开始“用鼓励性评价代替严厉训斥”。闸北8中外号叫“垃圾中学”，生源差，87级两个班，留级生竟占三分之一，其中留过两三次级的有13人，入学总成绩在全区35所中学中列第33名。学生收到录取通知就认为进了“差生集中营”，灰色情绪笼罩全班。

楼老师没有发动学生找缺点，定“条条框框”，而是反其道而行之。第一篇周记的题目是《介绍自我》。要求学生只写优点，不写缺点，小组交流。目的是引导学生认识“另一个‘我’”——代表着希望和未来的走向成功的“我”，第一堂班会，楼老师扔下“棍棒”纪律，捧出“鲜花”朵朵：××同学歌唱得不错，还会写诗；××同学会蛋炒饭，自理能力强……听惯批评的耳朵，被这种意外的赞扬感动了，挺起了腰。如果说“权威转化”，这是把老师对学生的信任转化成学生的自信；把教师看问题立足于建设，而不是死盯住学生过去的缺点这种辩证思维方法，转化为学生“一分为二”，先挖掘自己的“闪光点”，然后，意气风发地自强进取，依靠“新我”战胜“旧我”。这个班的老师在教学过程中也给学生提供自我表现的机会，“低起点，小步子，及时鼓励，及时矫正”，即使在百分制中，学生仅得“8分”，老师也先肯定这8分的正确，并对学生说：“下次得9分就表扬你。”结果该学生下次考了37分，树立为班里“学习进步最大者”；不久，竟考了74分！这个班，三年后全部合格毕业，语、数、外三科成绩提高到全区中等水平；“智商”测试在全区提高最快，14项行为规范评比，名列一般校第一，被评为区先进集体。楼老师的做法，“救活一批失败的心灵”，“把失败者成批地变成成功者”！（参见上海《青年报》1990年6月1日）

对比上述两种带班方法，使我思考三个问题：

第一，班级管理的“权威”究竟是什么？是《权》文所说，把班主任个人意志变成学生集体意志，发动学生去“谴责制约”、被动管束；还是像楼老师那样启发学生自尊、自信，引导学生的社会化进程？恩格斯在《论权威》中讲到权威的必然性，是从现代工农业发展的客观需要出发的，他说：“工厂中有数百个工人操纵着蒸气发动的复杂机器……联合活动、互相依赖的工作过程的复杂化，正在取代各个人的独立活动。但是，联合活动就是组织起来，而没有权威能够组织起来吗？”这里讲的并不是什么把“个人意志”转化为群众意志，而是根据社会生产联合的需要去组织集体，步调一致地夺取成功。所谓“权威”，并不是单个人的意志，也不是个人通过群众去“谴责”、“制约”，而是把群众发动起来、组织集体，按照客观规律把事情办好。

第二，学生教育是立足建设、正面塑造为主，还是“破字当头”以矫正缺点、被动管束为主？楼老师的做法立足于学生的闪光点，从入学就帮助学生找“闪光点”，建立自尊、自信，激励自强动机，以便靠学生自身积极的东西去克服缺点和不足。第一次班会、第一次日记，只谈优点，用意就在唤起自尊、自信，激发对集体的爱，组织起为集体争光的实际行动。如果说“权威”，这种基于学生自尊、自信而凝聚在一起的集体的自我教育力量，才是真正的“权威”之所在。这并不是不要纪律和约束，而是在扬起自强的风帆中，互助友爱，展现出个人的长处，从而自觉地提高要求自己的标准，战胜自我。

第三，怎样处理好德育中的疏导和禁令的关系？《权》文是一种进班就发动学生搞“下马威”“禁令”“条条框框”的做法。这种“禁”，如果脱离了耐心细致的说服、疏导，学生的认识得不到提高，难以形成明辨是非、贬恶扬善的舆论；即使是惧怕“谴责”，也只能是暂时收敛的假象，难以养成良好品德行为习惯的实效。只有疏导在先，真正提高认识，启发自觉，才能像飞驰在铁轨上的火车，把“铁轨”的约束变成加速度的助力，因此，还是要立足建设，导中有禁，而不能“破字当头”，单靠禁令约束。

《权》文愿望很好，而且可贵的一点是，提出班主任必须严于律己，率先垂范，说话算数；如果违背诺言，也要批评，甚至受罚。这里体现的师生民主平等思想更加难能可贵。但《权》文说，班主任如果违背诺言自己做一天值日，把为集体服务的劳动当成惩罚手段。这样做有伤“劳动光荣”的宗旨。在当前不少学生劳动观念薄弱，集体观念也亟待加强的条件下，更不宜这样做。

PART5

第五辑　童心是师爱之源

火车启动了，孩子们一边向我挥手，一边追逐着火车，王立炜、胡夏融冲在最前面，大声地喊道："李老师再见！"后面的李之、成梅实在跑不动了，终于蹲在站台上号啕大哭起来，但她们的眼睛仍然在追逐着火车……

让泪水飞

2000年3月初的一天，王绍华校长突然向我转告一个来自省教委的通知，要我于3月下旬赴京参加教育部组织的骨干教师培训。我很震惊："现在，学生正值临考的关键时刻，怎么……"既然是上面的安排，还是服从大局吧！从校长办公室出来，我的脑子很乱很乱。只有一点很明确：这事暂时不能让学生知道，不然他们情绪波动，学习肯定会受到影响的。

几天后，我打开电子信箱，突然看到一封没有署名的信——

李老师：听说你要走了，请回复这是真的还是假的。我们都很喜欢你。

不用说，这是学生发来的。这封电子邮件还附有一张风景贺卡，上面也只有短短的一行字："你真的要走吗？不要走！"

我怎么回这封信呢？但又必须回。于是，我只好这样回复——

我现在肯定不会走。时间会证明一切。我也很喜欢你们！只是经常忍不住发你们的火，我很内疚。我现在唯一的愿望，是你们抓紧分分秒秒学习，中考获胜！

你永远的朋友　李镇西

3月11日

过了两天，即3月13日，是个星期一。下午，我刚回到家里，就听见门铃响了。开门一看，是李之和周晓竺。我请她们进屋，可她们却说“不了”。李之递给我一个大信封：“我们要说的，都在里面。”回到屋里，我拆开信封，是四封信——

敬爱的李老师：

您好！

我知道你明天就要走了，我已无法表达我的心情。前几天为郭丽娜和郭锐开欢送会时，你对我们说了一句话：“我最近比较烦……总有一天你们会明白的。”那之前其实我已知道，我总怕你走时我们都不知道，也怕听见你说那令人心酸的消息。每次我想起时，我的鼻子就酸酸的。虽然，我与你接触的时间很短，我才转到这个班一学期，但我感到你是我所认识的所有老师中最好的！你不断地教育我们，帮助大家，特别在我刚来时，您对我的鼓励，使我无法忘记。我想，你的教诲，不仅对我，而且对大家都有帮助。您的班级和您的学生永远都爱你！我也为我能在这样的好班级中学习而感到幸福。每当我听见同学们精精（津津）有味地讲青城山的故事时，我总是感到羡慕。但是我有时总是想，我们还会有机会一起去的，可是，现在……

在你教我的这一学期里，我各方面的进步都很大，特别是在语文的作文方面，我感觉我现在特别感兴趣。这是在您的帮助下，教导下，我所获得的进步。还有做人的道理，我也懂了很多很多。我很喜欢您的语文课！

特别是作文课，每堂作文课，您都教我们怎样观察生活，怎样看待人生，怎样构思，怎样做人，使我们对自己的前途充满了信心……

我相信，在以后的日子里，我会做得更好。我会用自己的行动来报答你。不仅是我，是我们大家，就算你不在这里，在你回来时都会听见我们的好消息。我知道你也舍不得大家，你的内心很烦。但你又不愿意为此而影响大家的情绪，因此你迟迟没有告诉大家。（我想。）……

我还有很多话要说，可是时间有限。希望有时间能再和你聊天，听你讲课！难道你真的愿意离开我们吗？况且在这关键时刻……

此致

敬礼！

爱你的学生：成梅

2000年3月13日

敬爱的李老师：

你好！

前几天，突然听到了你要走的消息，脑子里一片空白。我以为这只不过是说笑，可是现在终于知道这是真的。那天中午，你告诉我们你最近“比较烦”，说我们还小，有许多事不懂。我知道你是尽量地隐瞒这件事，也在努力地让自己的眼泪不要落下。

星期六，没有看见你的身影，我以为你走了，就这样无声无息地走了，没留下一句话，也没有说上一句“再见”。可是，今天早晨，我又看见了你。我高兴极了。从来没有这么高兴过！是真的，从来没有过！早晨的语文课，你居然可以照样上得如此轻松，看不出有什么异样，还笑着逗我们。你的笑让我好心酸。可以想象，其实在你的心里一定是多么的难过。

不错，刚听说你要走的消息时，我很难过，无法接受这个事实。确切地说，我很恨你，恨你在这个时候离开我们，恨你丢下我们不管，更恨你不告诉我们一声……

可是现在，我想通了。你说我们小，不懂事。可是我要说我们不小了，也懂事了。你要走，相信你心里也不好受，很舍不得我们。你是被迫离开我们的，对吧？所以我们也不能太自私，我们爱你，舍不得你，但同时我们也理解你，支持你。我要让你知道，这三年来，我们已经从一个不懂事的孩子长大了，而我们之间的情感，也不会因为你的不辞而别而淡去。

在临别之前，我只想说：李老师，我们已经长大了，你真的可以放心地离去，我们会想你，等着你，永远爱着你；而当你也想念我们的时候，请看看满天的星星吧，那是我们在对着你笑。（对不起，我还是让你担心了，因为这封信是在课堂上写的。我保证，这是第一次，也是最后一次。你相信我吗？）

永远爱你的学生、朋友：尹萍

2000年3月13日　下午3点45分18秒

李老师：

其实，拿着这张信笺却又有不知说什么的感觉。听说你明天就要走了，想了很久该不该给你写这封信。这几天，同学们的情绪都很不好，大家议论着您要走的事，说着说着我们就要哭，尤其是上课时看到您微笑依旧，我们就更有一种心酸和怅然。

我们已与您相处了三年，您表扬过我们，批评过我们，鼓励过我们……我们现在想起来真是感慨万千。还有您与我们玩时的情景也一样历历在目。我本以为您可以和我们一起走过这初中的三年，也以为毕业那天与您分别我会很平静，现在才知道我真的无法做到与您分开而没有伤感。也许以前所有的不愉快、误会在分别时都会烟消云散。那天向启很认真地对我说："组长，李老师真舍得走吗？"我说："不会。"他居然目光茫然地对我说："我好不舒服！想起的全是李老师的好！"还有前几天考体育，同学们都说："李老师要能来给我们加油多好！"其实我们都很理解您。您说过"人的一生都在学习"，您也应该为自己的理想而奋斗。只是，李老师，您走了，我们怎么办？我一定会很不习惯的，同学们中间流传着一句"班级名言"：习惯了其他老师再习惯李老师很容易，习惯了李老师再习惯其他老师困难。我们已经习惯有您了，李老师，我不知道以后为我们上语文的老师是谁，但我们看到讲台，放学时看到校门对面的院子，真是眼泪止不住地掉！也许您又要批评我们了，但我们真的舍不得您走。

泪眼盈盈/伤感的季节/有你的岁月/魂牵梦绕忧伤哭泣的心/难以形容/今天清凄细雨依旧/明天渴望能再看到你微笑

在北方，李老师，紧张的学习之余要记得照顾自己，晚上也早点睡。希望您每一天都有阳光，在想念我们的时候，望一望夜空的繁星。两年多来您对我的帮助，我永远不会忘记，请接受我最真心的感谢。

也许明天您就要走，努力去奋斗，不要回头！珍重。

您永远的朋友　李之

2000年3月13日

李老师：

已经没有任何语言可以形容我现在的感受，我实在无法相信您竟会在此时离开我们！回想两年多来和您在一起的日子，虽然以前我一直不是特别喜欢您，但过去的点点滴滴积累到今天，才让我发现自己有多么愚蠢，没能体会到那份最真、最纯的情谊而去好好珍惜，好好享受。到现在突然惊觉，而您，却不会在我们身边了。我要有多少勇气才可以面对这个事实啊！

我真的不敢想象另一个语文老师走进教室的情景，不敢想象另一个班主任站在讲台上说话的情景。而您在今天的语文课上还和我们开玩笑，我们何尝不知道您有多么舍不得我们，多希望能在这冲刺的阶段为我们鼓劲！我们从理智上完全理解你，但在感情上，我怕我会受不了的。原以为我可以很坚强，可以在分别的时候微笑着挥手，但我却在听伤感的歌曲时，看到您给我的作文批语时，完全无法抑制自己的感情，让泪水毫无准备地滴下来，那么不争气！但我却终于告诉您：我们是真正的朋友！

李老师，我有好多、好多、好多的话想告诉你，但这张小小的信笺如何能承载我们对您的无限的眷恋？只愿它浸满我的思念，伴您远行。我还记着您要送我的生日礼物和毕业后的全班聚会！您临走时，一定要再多看我们几眼。

祝一路顺风！

你永远的学生和朋友：晓竺

2000年3月13日

除了这四封信，还有一张字条——

又及，以下是一首歌词，虽然简短，虽然朴实，却饱含了我们全部的心意。

朋友

谁能够划船不用桨

谁能够扬帆没有风向

谁能够离开好朋友

没有感伤

我可以划船不用桨

我可以扬帆没有风向

但是朋友啊

当你离我远去

我却不能不感伤

您的学生 尹萍 周晓竺 成梅 李之

我注意到，抄写歌词的字很不协调；仔细一看，原来这短短的歌词是四个孩子每人写一句凑成的。孩子们是何等的真诚啊！任何语言都无法形容我当时的心情，不是感动，而是惭愧：这么爱我的孩子，我真忍心丢下他们而去吗？当天晚上，我拨通了校长的电话，我把学生的反映告诉了他，并说："我能不能不去学习或者参加第二期培训班？"王校长非常理解我的心情，他立即向上级有关部门反映了我的请求。后来我又向学校办公室陶元主任说了我的想法，她也答应帮我去说说。这下我心里轻松了，因为在我看来，反正教育部的培训班有第二期，我迟一期去是没有什么关系的。而且，本来说是3月下旬就要报到，可3月份都快完了，我还没有收到正式通知。看来，教委有关部门同意了我的请求。于是，我越来越放心了，甚至得意地对学生们说："李老师不走了，我和你们同生共死，并肩战斗到中考的最后一刻！"听了我的话，学生们欢呼起来。

可恰恰是3月底的一天，陶主任对我说："你的要求恐怕不行，因为这是教育部统一安排的。"分管教学的胡校长也说："这由不得你，也由不得学校。如果正式通知来了，你还得去。"果然，就在胡校长说这话的第二天，我收到了来自教育部西北教育师资培训中心的正式通知，报到地点是陕西师大，报到时间是4月10日。我马上又去找到成都市教委人事处的蒲处长，问她看有没有什么办法再向上面争取一下，让我参加第二期培训班。可蒲处长对我说："这件事已经超出了我们的权力范围了。估计不会有什么结果。"对于我接到正式通知一事，孩子一点儿都还不知道呢，他们天真地认为李老师是不会走的了！

但是，看来我是不得不离开他们了！我开始瞒着孩子们做着一些事——

我说服了教我们班物理的徐萍老师接替我的班主任，因为徐老师是一个相当优秀的老师，当毕业班的班主任比我有经验，更重要的是，她也非常爱孩子。说我"说服"了她是不够准确的。因为我刚刚提出了希望她接替我的班主任时，她就表示："为了学生，也为了你对我的信任，我愿意接过这个担子。虽然，我深知，任何人要接你的班都是相当困难的，因为学生对你的感情太深太深，他们很难在短时间内接受我的。但是，你放心，我将竭尽全力把工作做好！"

学校安排童丽娟老师接替我的语文教学工作。童丽娟是上届初三年级的年级组长，长期担任班主任，语文教学也非常有经验。但是，她现在担任高一一个班的班主任和语文教学工作，任务也不轻；另外，她的母亲刚刚查出患了癌症，而且已经是晚期。在这样一种情况下，让她接我班的语文教学，实在是有点残酷。可是，她却对我说："没事儿，我一定尽我的努力把这个任务完成好！"后来我在家长会上说到徐老师和童老师时，真诚地说："什么是真正的共产党员？我看徐老师和童老师就是真正的共产党员！"这的确是我的心里话。徐老师承受着巨大的工作压力接过了我的班主任工作；而童老师不但有着同样的工作压力更有着旁人难以想象的精神上的痛苦，她却咬着牙帮我上语文课。正是她们的这种奉献，使我能轻松地坐在国家级培训班的教室里学习。她们在幕后为我做出牺牲，而我却在台前享受着荣誉。写到这里，我真是很不好受！我只能在心里对自己说：李镇西，你可永远不要忘了帮助过你的人哪！

还有十来天就要离开学生们了，我必须赶在走之前，把手中的《花开的声音》编完。于是，从接到通知的第二天早晨，我五点就起床了，后来又提前到四点甚至三点。除了编辑《花开的声音》，我还要给学生们设计语文复习题，还要为学生们写毕业评语（我不能把这件事推给徐萍老师），还有许许多多的事都得抓紧时间完成。虽然，由于睡眠时间不足，我整天都昏沉沉的，但能够在走之前为学生做点事总是很愉快的。我在为学生写评语时，自然要先看看他们初一初二时我为他们写的评语，看着每一则评语，我的眼前都仿佛站着那个学生，而且他或她正对着我笑呢！于是，我又忍不住热泪盈盈……

在走之前，我还有一个最大的愿望，就是和学生一起照个合影。可是现在学校并没有安排照毕业合影啊，而如果我一提出这个要求，敏感的学生很可能便会猜测到我会离开他们。怎么办呢？

4月3日那一天，是刚刚下了雨过后的一个难得的晴天。早晨，我在上班的路上，看到府南河畔的花草树木在霞光中格外清新爽目，于是，我突然想：何不把学生带到府南河边来玩玩呢？下午上课的时候，我对学生们说："走，我们到府南河边去上作文课！"喜出望外的孩子们欢呼着飞出了校园，飞到了流淌着阳光流淌着春风的河边。

孩子们三三两两地在河边打闹着追逐着，或静静地坐在大树下说笑着或讨论着什么，还有的孩子干脆躺在石凳上，闭上眼睛，任温柔的阳光吻遍全身。看着学生们天真烂漫的样子，我难过极了：他们还不知道他们的李老师就要离开他们了啊！他们不知道李老师把他们"骗"出来其实就是为了照一张最后的合影啊！

唉，几天来，我就像一个决意独自离开这个世界的人，默默地向周围的亲人和友人表达着自己对他们的热爱和眷恋，而他们却全然不知道这一切！

在一棵百年老树下，孩子和我簇拥成一团，向着明澈的蓝天发出纯净的笑声。我的朋友翁明老师用相机拍下了这张青春逼人的照片……

4月5日晚上，我突然接到邹冰的电话："李老师，爸爸妈妈已经决定让我转学到雅安，今天晚上就要走了。在走之前，我想见见您。"前些日子我就听邹冰说过，为了把基础打得更扎实，他想转学降一级。没想到他走得这么急。我连忙在电话里对他说："你等着，我马上到你家里来。"他说："我搬家了，您恐怕不容易找到我的家。还是我到你家来吧！"我连忙在书架上抽了一本《朱自清散文全编》，在扉页上写道："亲爱的邹冰：我永远注视着你。愿下次见面，我们还能摔跤、斗鸡。你永远的朋友李镇西"。

不一会儿，他匆匆赶到了我家。我把书送给他，并说了一些勉励的话。他向我表示了感谢，说："我到了那边一定会给您写信的。"此外，他便没有多说什么。但他那双闪烁着无限依恋之情的眼睛，一直到他走了以后很久，都仿佛还在看着我。

4月7日，星期五，早晨我来到班上给学生们上早读课。我叫学生们默写《古代诗歌五首》，学生们埋头写了起来。这时，我站在窗边，看到一束束金色的阳光泼洒了进来，洒在了胡崇锴的头上，洒在了黄易浩的头上，洒在了彭莹的头上，洒在了张宜宜的头上……他们的头随着书写的手微微颤动着，于是，他们头发上的阳光也跳动起来。我的鼻子突然一酸，眼泪马上就要流出来，我赶紧背过身子，向着窗外擦了擦眼睛……

上午第四、五节课，我走进教室给学生上的最后一次语文课，是评讲作文。当我抱着全班同学的作文走进教室时，有同学欢呼起来："啊，评讲作文？太好了！”“我最喜欢作文课了！”能在最后一堂课再次听到孩子们对语文课的赞叹，我很欣慰。可天真的孩子们，仍然不知道这是我给他们上的最后一堂语文课了。徐萍、童丽娟、方青、张建平等老师也特意来听我这最后一课。评讲的作文是《礼物》。照例是“佳作亮相”、“片断欣赏”等栏目，同学们一一上台朗读他们的作文，我不时加以画龙点睛似的评价，我诙谐的语言不时引起学生们愉快的笑声。像往常的任何一堂语文课一样，教室里洋溢着和谐而轻松的气氛。

最后是周晓竺上台朗读她的作文。她在作文中写道：“这初中三年温馨的班级生活，是李老师送给我的最好的礼物。怎么来报答李老师呢？我也准备送给李老师一个礼物，这就是优异的中考成绩。现在，我每天都在准备这个礼物！”下课的铃声无情地响了起来。我深深地吸了一口气，用哽咽的声音结结巴巴地对孩子们说：“同学们，我不得不对你们说，我要，要……要，走了……”最后一个“走”字我几乎没说出口，但孩子们仍然听懂了！

窗外阳光灿烂，但这个消息对孩子们来说，无疑是真正的晴天霹雳！我继续吃力地给孩子们解释着，但教室里已经开始响起啜泣的声音，声音越来越多，越来越大，最后孩子们忍不住大哭起来……

我说：“下课了，同学们去吃饭吧！”没有人走，几乎全班同学都伏在桌上痛哭着，徐萍老师和方青老师也在和学生们一起流泪……

但我竭力忍住没有流泪，我一再告诫自己：今天无论如何都不能流泪！有好几次，泪水马上就要夺眶而出了，我赶紧转过身去悄悄地擦干。

班长胡夏融同学突然站了起来，擦了擦红红的泪眼，对大家说：“同学们……我们，不应该用眼泪……为李老师送行……我们，为李老师……唱一支歌吧！用歌声……欢送……李老师……”于是，他起了个头：“请把我的歌……”

教室里响起了微弱的歌声：“请把我的歌带回你的家，请把你的微笑留下……”我从来没有听到过夹杂着哭声的歌声！唱到最后，哭声终于压倒了歌声，变成了一片“呜呜”的哭声……

我再次说：“谢谢同学们！下课了，大家去吃饭吧！”仍然没有一个人站起来。

这时，徐老师走过来对我说：“李老师，你先走出去吧。你如果不走，他们是绝对不会走的！”于是，在孩子们的哭声中，我狠心走出了教室……

本来走之前我不准备去学校了，想在家里收拾收拾行李。但学生们说要为我搞一个欢送会，于是，我第二天又来到了班上。走进教室，看到教室后面的墙上挂着一幅24寸的全班合影——就是我们在府南河边大树下的那张合影。欢送会开始前，我提了个要求：“今天不许任何人流泪！”开始还好，同学们高高兴兴的，特别是崔涛、向启等人表演的小品，把大家逗得乐开了花，整个教室一片欢声笑语。可当黄璐莎、李之、骆娜三人上台来唱《祝你一路顺风》时，教室的气氛一下子又有些凄凉了，唱到最后，下面有的同学又开始流泪了……

当天晚上，冷欢同学偷偷地放了一封信和一个足球模型在我家的门外。这封信这样写道：“自从那天我参与打架犯了错误，我的心情就十分不愉快。这几天听说您要走，心里就更有一种说不出的难受。写好这封信后，我一直没有勇气面对您。因为我是一个不值得李老师骄傲的学生。在和李老师告别的最后一堂课上，我伤心地哭了，的确有一种强烈的恋恋不舍。三年来，李老师对我付出了许多心血，我真的对不起李老师。我的成绩很差，我更不敢发誓在毕业考试中能达到什么标准来报答李老师，但是我有一颗对李老师敬爱的真心。我还有两个心愿：一是要把您所有的书都买齐并收藏起来，爱护好，作为对李老师永远的爱；再就是我要送你一个我最珍贵最喜欢的礼物——足球模型，以表达我对您和这个礼物一样的喜爱。我衷心希望李老师能接受我这个使您费尽心血的学生的礼物！”

我把这封信连同上午收的张杨、王墨兰、林媛、李翱等同学的信装进了我的行李包，作为对我的激励。

4月9日中午，崔涛、向启、胡夏融、王立炜、李文力、张潇文、吕方继、彭莹、李之、黄璐莎、周晓竺、成梅等12位学生，在鸿翔酒家为我饯行，他们把徐萍老师也请来作陪。我们以水代酒，互相祝福：他们祝我一路顺风，我祝他们中考获胜。

午后，徐老师和孩子们一直把我送到火车站。离开车还有一会儿呢，于是，我们在候车室玩起了扑克。临上车前，李之给了我一张折好的纸条：“李老师，你必须上车以后才能看。”

开始检票了，徐老师和学生们又将我送到了站台上，胡夏融帮我把行李箱扛上了车厢，放在了行李架上。还有十几分钟就要开车了，我叫他们回去了，可他们说要看着我走了以后他们才回去。崔涛对我说：“李老师，我去给你买一瓶水！”说着就跑远了。不一会儿，他在窗外踮着脚把水递给我。张潇文拿着一副扑克站在窗下，仰望着我：“李老师，我给你耍个魔术。”于是，那副扑克便在他手上变得令人眼花缭乱起来……

火车开始启动了，我向他们挥手告别。他们却一边跟着越来越快的火车奔跑着，一边流着眼泪向我挥手。我和他们的距离在迅速拉大，但从窗口远远看去，一群少男少女在追逐着火车，却越追越远；我的眼睛开始潮湿，但我仍然清晰地看到，王立炜、胡夏融跑在最前面，后面的李之、成梅实在跑不动了，终于蹲在站台上号啕大哭起来，但她们的眼睛仍然在追逐着火车……

我从怀里掏出李之交给我的纸条，展开一看，上面抄着《祝你一路顺风》的歌词——

那一天知道你要走/我们一句话也没有说/当午夜的钟声/敲痛离别的心门/却打不开你深深的沉默/那一天送你到最后/我们一句话也没有留/当拥挤的月台挤痛送别的人们/却挤不掉我深深的离愁/我知道你有千言万语/却不肯说出口/你知道我好担心我好难过/却不敢说出口/当你背上行囊/卸下那份荣耀/我只能让眼泪流在心里/面带着微笑/用力地挥挥手/祝你一路顺风/当你踏上月台/从此一个人走/我只能深深地祝福你/深深地祝福你/最亲爱的朋友/祝你一路顺风

歌词的下面还有一行字——李老师：保重身体!

最后是孩子们的签名：李之、周晓竺、成梅、黄璐莎、彭莹、崔涛、向启、胡夏融、王立炜、李文力、张潇文、吕方继。

忍了很久很久的眼泪终于奔涌而出……

远方的思念

放下电话，耳边还响着孩子们的声音。

“李老师，我好想你啊！”这是安超完全还没有变声的童音。“李老师也很想你呀！”我说，“你可要好好学习呀，别再迷电子游戏了。”“放心吧，李老师，我不会的了。”安超的声音顿时显得很庄重。

“李老师，你什么时候回来呢？”电话那头，张杨带着哭声问我。“别哭了，张杨，你再哭李老师也要流泪了。”这是真的，此刻，我的鼻子也酸酸的了。但却装作很轻松的样子劝她：“李老师七月份就回来，我还要带你们去玩呢！”

“李老师，你现在在干什么呢？”王墨兰这样天真地问。我也“调皮”地对她说：“你猜猜。”电话那头“嗯”几声，然后她说：“猜不出来。”我“天真”地笑了：“嘿嘿，我在打电话嘛！”……

感谢电话，使身处西安的我能与远在成都的我的近六十个孩子通话。虽然花掉了三张201电话卡，但我又在孩子的心灵中遨游了一番。值！

同寝室的老师看到我如此“痴迷”学生，便感叹道：“你对学生实在是扒心扒肝！”我说：“这首先是因为我的学生对我扒心扒肝！”当初我是不得不离开孩子们来西安参加教育部的国家级培训的。到西安已经十多天了，我的脑海里还浮现着孩子送别我的情景：火车启动了，孩子们一边向我挥手，一边追逐着火车，王立炜、胡夏融冲在最前面，大声地喊道：“李老师再见！”后面的李之、成梅实在跑不动了，终于蹲在站台上号啕大哭起来，但她们的眼睛仍然在追逐着火车……

我把学生给我的所有信件都装进了行李包，作为对自己的激励。我特意将离开成都时我和学生们一起在府南河边照的那张美丽的照片带来了，用林媛、李翱送我的镜框镶嵌起来，放在我房间的书桌上。每当我在书桌前坐下来，孩子们就对着我调皮地笑，而我也就仿佛感受到了他们的青春扑面而来……

此刻，大西北夹带沙尘的狂风在窗外呼啸着，我透过迷茫的沙尘向着远方诉说着我的思念：亲爱的同学们，李老师对不起你们，但我在这里每天都真的很想你们。你们现在正在通往中考的胜利的路上披荆斩棘，浴血奋战，我在大西北为你们助威呐喊！我的心永远和你们在一起！

理想与幸福

今天我去上课，内容是《一碗清汤荞麦面》。因为前段时间媒体的“理想教育风波”，我决定就从学生的理想谈起。

孩子们一见我走进教室，热烈的掌声响起来了。

我笑眯眯地问大家：“你们将来想成为怎样的人？”一个男孩马上举手站起来：“我想成为有工作的人！”全班哄堂大笑。我也笑了：“当然应该有工作，不然你吃什么呢？呵呵！你能够再想想吗？”他马上说：“成为一个好人！”

同学们又笑了，觉得他说的是废话。我却对同学们说：“这个同学说得很好！因为做一个好人并不容易！做一天好人容易，做一辈子好人却难！而且，无论今后大家从事什么职业，前提都必须是一个善良、正直、勤劳的好人！因此，他的理想应该得到我们的赞赏！我提议，向这个同学鼓掌致意！”掌声响了起来。

孩子们继续纷纷举手要求回答。一个男孩说：“我想成为警察！”我笑了：“好！以后谁欺负我，我就找你！”同学们哈哈大笑。“我想成为律师！”一个女孩子说。我说：“嗯，以后我打官司，就请你。”一个男孩子说：“我想成为老师！”我说：“太好啦！以后就到我们学校教书，欢迎你！”我特意和他握了握手。又有同学说：“我想当旅行家！”我开玩笑：“好，一定要走遍——”同学们纷纷接嘴：“全中国！”“全世界！”我说：“全簇桥！”同学们爆笑。

还有孩子说想当宇航员、科学家、企业家等等，我都予以鼓励。这时候，有一个同学说：“我想做海盗！”全班哄堂大笑。

我走到他跟前问：“你能说说你想做海盗的理由吗？”他的回答很干脆：“好玩儿！”同学们又笑了。

这时候一个同学举手了：“我想当打海盗的人！”同学们笑得更厉害了。我马上说：“好，你现在就把那个海盗打了！”我指了指刚才那个说想当海盗的孩子。教室里笑翻了天。

有一个同学举手站起来说：“我想当富豪！”这时同学们发出的不仅仅有笑声，还有惊叫。我问：“他想当富豪不好吗？”同学们七嘴八舌，有的说“好”，有的说“不好”。我说：“请大家说说自己赞成或反对的理由。”赞成的同学说：“钱多了可以生活得更好。”“有了钱可以做更多的事！”“成了富豪可以捐出钱来帮助更多的穷人。”……

反对的同学说：“人不能为钱而活着。”“钱多了人会变坏。”“钱多了没有安全感。”……

还有一个同学说：“如果我们能够正确对待，可以用钱去帮助更多的人；如果有钱人的心不好，钱多了当然不是好事。”

我表扬这个同学说：“呵呵，你可以当思想家！的确，钱本身是没错的，关键还是人。就像一把刀，你可以用它切菜，也可以用它杀人。这和刀本身是没有关系的。”同学们认真地听着我的话。

我继续说："无论想当海盗，还是富豪，我想目的都是为了有钱，有了钱让自己生活好一些，让自己幸福！是不是？"同学们点头。"因此想有钱，追求幸福，一点都没有错。"我说，"问题的核心有两点：第一，靠什么有钱……"

我的话还没说完，就有同学站了起来："靠自己的能力！""靠自己的本事！""用知识！"……我笑了："嗯，大家说得对！总之是不能靠做海盗去抢，是吧？"同学们也善意地笑了。那个想当海盗的男孩也不好意思地笑了。

我继续说："靠当海盗有钱，我想大多数同学都不会同意的，而且刚才那个同学也是开玩笑的，他不过是觉得好玩。那么靠什么有钱呢？请问，世界首富是谁？"同学们说："比尔·盖茨。""那比尔·盖茨凭什么成了世界首富呢？""微软产品。"

"是的，他用自己的智慧为人类贡献了微软产品。现在我每天都在享受比尔·盖茨的成果。所以说，比尔·盖茨是靠智慧成为首富的。那么，他有钱之后呢？这就是我要问的第二个问题，就是有了钱之后又怎么做呢？"

教室里出现了短暂的沉默，同学们开始了思考。

我说："其实，比尔·盖茨给人类的贡献不仅仅是微软，他还有一个贡献，就是捐出了大量的财富。他在慈善方面堪称楷模。"

我讲到了今年比尔·盖茨和巴菲特的中国之行："他俩来到中国邀请中国的富豪们吃饭，可中国的富豪们大多不愿意去，为什么呢？怕被劝捐。当时我看到相关报道，心里真是感到难受，这是中国的耻辱呀！中华传统美德不正是助人为乐，乐善好施吗？但后来有一个人站了出来，他就是陈光标！这是一个很有钱的人，他靠自己的创业积累了很多财富，成了富豪，但他富了之后同样把财富回报社会，在汶川大地震的时候，他是个人捐款最多的人！而且，他公开发表声明，说死后一定把所有财富捐给全社会，不给自己的子女后代留一分钱。”同学们专注地听我说，每双眼睛都饱含感动。

我总结道：“所以，追求金钱，乃至成为富豪，一点都不可耻！关键是我们如何获取金钱，并且如何对待金钱。”

然后我开始把话锋一转：“其实，这个世界上富豪永远只是少数人，那么，对多数人来说，不是富豪，甚至不那么有钱，就不幸福了吗？”

同学们纷纷摇头。

我说：“这里涉及对幸福的理解。我认为，如果起码的生活水平都不能维持肯定不会幸福，因此，幸福离不开物质的支撑；但物质并不能带来全部的幸福，因为作为人还有精神世界，必然有精神追求。大家想想，有没有这样的人？钱不多，但基本的生活水平能够维持或还比较好，只是没有别墅豪车，但他依然幸福。”同学们说：“那肯定有的。”

我说：“昨天我在博客上写了一篇文章，题目是《胥师傅》，说的就是这样一个人。”接着，我给大家讲胥师傅——

胥师傅四十多岁，其店铺在双楠小区，所以名叫“双楠美发厅”，名为美发厅，其实只是一个几平方米的屋子。铺面很小，很朴素，很不起眼，却很温馨。他理发，妻子和女儿是他的助理，帮着洗头。一家三口共同支撑着这个小小的理发店。一年当中除了春节休息三天，其余每一天胥师傅一家都在店铺忙碌。虽然辛苦，但我每次去理发，都能听见他和妻女的笑声。这笑声常常让我受到感染，并且感动：生活清贫，他们却乐呵呵地过着每一天。他们以自己的善良和勤劳，赢得并享受着自己的幸福。

胥师傅特别善良。因为我特别忙，而且经常会突然出差，或者被通知接受电视采访之类，所以免不了要麻烦胥师傅，比如请他比平时早点到理发店，或者推迟下班。胥师傅对我从来是随叫随到。不止一次，在寒冷的冬天，他七点半或八点就来到店铺；有时候因为我，十点以后才回家。我特别过意不去，付费的时候便多给他几块钱，但他坚决不要我多付的钱。于是，我便时不时送他一些茶叶呀松花蛋呀竹笋呀等土特产。我知道，这些东西远远不能与他为我的付出相称，但我只能这样表达一点心意。

胥师傅不过是一个普通的劳动者，钱也不算多，但他幸福，幸福来自家庭的温馨，来自善良赢得的尊重。在我的心里，他比好多身居高位的人更让我敬重。

胥师傅的故事再次让大家感动。

我说："同学们，我们这个社会有无数像胥师傅这样善良而普通的劳动者，我们没有任何理由鄙视他们。在座每一个同学都来自劳动人民，你们的爸爸妈妈都是劳动者，都应该得到尊重！作为一个普通的劳动者，同样可以很幸福。今天，我给大家读一篇小说，题目是《一碗清汤荞麦面》，讲的也是一个普通劳动者的幸福。"

我开始给大家朗读："对于面馆来说，最忙的时候，要算是大年夜了……"

用童心报答童心

这是我学生的一篇作文——

1985年5月13日，是星期一。

下午读报课时，李老师跨进了教室，照例给我们读小说《青春万岁》。突然，陈晓蕾站了起来："李老师，请您出去一下，好吗？"李老师莫名其妙地跟着她出了教室。戏剧般地，班干部潘芳奕迅速走上讲台，向同学们讲了一个秘密计划，大家一致赞成。几分钟之后，李老师又莫名其妙地被请回了教室，迎接他的是神秘而兴奋的笑声……

紧接着的几天，同学们暗中忙碌起来……

5月17日，那一天终于到来了。语文课的铃声一响，李老师便走了进来。

值日生罗晓宇用清脆的声音喊道："起立！敬礼——"

顿时，一阵春潮般的声浪从每一位同学胸中涌出，回荡在教室里："祝—李—老—师—生—日—快—乐！"

李老师惊愕了，还没等他回过神来，前排的谈俊彦走上讲台，双手捧着一封信："李老师，这是全班同学的祝贺信！"班长彭艳阳捧着一束还带着露水的玫瑰花从后排跑到讲台前，庄严地向老师敬了一个队礼："李老师，这是全班同学献给您的鲜花！"

李老师完全不知所措了。又有十几位同学涌上了讲台——霎时间，讲桌上堆满了鲜花、蛋糕、影集、笔记本、生日卡……兴奋和得意在每个同学心中荡漾着：让辛勤的老师惊喜，让尊敬的老师幸福，正是我们的心愿！掌声有节奏地响着，伴着笑声。

"今天，并不是我的生日啊！"呆了半晌，李老师这么说。可同学们七嘴八舌地嚷道："肯定是的，5月17日，没错！""老师，要诚实哟！"……

我当然是诚实的，不过当时我又不敢向学生坦白我的生日应该是9月29日。学生为何错把5月17日当我的生日呢？至今是个谜。七年后的今天，当我抄录这篇作文时，我耳边好像还回响着学生们那热烈、真诚而又带着几分顽皮的掌声和笑声，因而禁不住心潮澎湃！当时，面对童心，激动的我用颤抖的声音说了几句肺腑之言：“我并不是一位好老师，可同学们对我这么好，我实在受之有愧啊！但是，从此以后，我将竭尽全力做一位好老师，用我的童心来报答同学们的童心。请同学们，不，请朋友们监督我！”

这事发生在我参加教育工作的第三年。在这之前，我曾三次气急败坏地打学生（虽然不是我班学生）。仅以此例，就足以证明“我并不是一位好老师”的话绝非我在学生面前故作谦虚，但是，从那时起“用童心报答童心”却成了我真诚的誓言，并为之努力实践。

为了报答童心，我尽量使自己的整个身心都与学生融为一体。每带一个新班，我都把全班同学的生日工整地抄贴在我书房的最醒目处，每个学生生日那天，我都送上一本小书、笔记本或其他小礼物。每次放假，我都安排一次与学生的旅游：我曾与学生站在黄果树瀑布下面，让飞花溅玉的瀑水把我们浑身浇透；我曾与学生穿着铁钉鞋，冒着风雪手挽手登上冰雪世界峨眉之巅；我曾与学生在风雨中经过八个小时的攀登，饥寒交迫地进入瓦屋山原始森林……每一次，我和学生都油然而生风雨同舟、相依为命之情，同时又感到无限幸福。这种幸福不只是我赐予学生的，也不单是学生奉献给我的，它是我们共同创造、平等分享的。

为了报答童心，我力争使自己的教育工作充满科学精神与民主气息，让教育真正深入学生的心灵世界。在班级管理方面，我变过去教师一人说了算的“人治”为全班学生运用集体制订的班级法规互相制约、共同管理的“法治”，并将我也放在与学生平等的位置，和学生一起建设班集体。在思想教育方面，我在遵循党的教育方针的前提下，始终把目光对准学生的心灵：善良人性的保持、正直品格的塑造、现代意识的培养、创造能力的锻炼以及青春心理的辅导……特别令我和我的学生欣慰的，是我们共同进行的“未来班”教育改革的成功。《中国青年报》、《教育导报》、《教书育人》等九家报刊先后登载了“未来班”的事迹。在“未来班”，我引导学生们自我管理、自我教育、勤奋学习、关心集体、参与改革。为了让教育充满符合少年儿童心理的浪漫色彩，我们为“未来班”设计了班徽、绘制了班旗，还创作了班歌。当学生们唱着由他们自己作词、著名作曲家谷建芬同志谱曲的班歌时，他们感到多么自豪和鼓舞，而我受到的却是教育和鞭策：与我们素不相识的谷建芬同志并不是教育工作者，她却对下一代有着强烈的责任感，而我身为教育者又该怎样对待自己的职业呢？

为了报答童心，我在语文教学上不停实践、不懈探索、不断创新，并逐步形成了自己语文教改的指导思想：“立足课堂、面向社会、深入心灵。”立足课堂，就是以课堂教学改革为基础，对学生进行严格的读写听说基本训练，扎扎实实地引导学生掌握语文学科的知识能力体系；面向社会，就是要使语文教学充满时代气息，让学生在热爱、关心国事的过程中广泛地吸取语文养料，在社会生活的实践中把语文知识转化为语文能力；深入心灵，就是要使语文养料与学生的思想、情感、道德相渗透与融合，以形成美的情趣、美的心灵、美的人格，同时，学生能在实践中情不自禁地学习，得心应手地运用语文知识与能力。在“立足课堂、面向社会、深入心灵”的思想指导下，我进行了一系列变“语文教学”为“语文教育”的尝试：“以思维训练为中心，以口语训练为突破口，促进听说读写语文能力全面提高”的三年语文教改实验；“让语文教学走进学生心灵，让学生参与语文教学”的语文教学民主化探索；以“扩大阅读、丰富生活、充实思想、训练思维”为特征的作文教学改革，以及“质疑式教学”、“竞赛式教学”、“表演式教学”等课题教学形势的创造与实验……比起全国语文界各位专家大师们的改革，我这些尝试当然还处于初级阶段，但毕竟已经开始取得了一些成果，而且这些成果正鼓舞着我继续前行。

为了报答童心，我立志成为创造性、学者型的教育工作者，通过自己一生的教育实践，为丰富和发展中国的教育理论作出自己力所能及的贡献。可能有人会觉得我太狂妄，但我始终欣赏这句名言："不想当元帅的士兵不是好士兵！"也许我一直到退休也不过是一名普通教师，但这并不妨碍我现在为自己由衷热爱的事业（因为我由衷热爱自己的学生）提出一个高远的目标，并终身奋力攀登。从1985年起，我开始有意识地总结自己的教育教学实践，思考当今中国的一些教育难点与热点。这些总结与思考陆陆续续地变成近百篇论文发表在各级报刊上：《沉重的思考——中学生教育危机原因初探》（《中国青年报》）、《把教师的权威转化为集体的权威》（《中国青年报》）、《班级管理民主化尝试》（《中国青年报》）、《谈语文教学的民主》（《教育导报》）、《以口语训练促进阅读教学》（《天津教育》）、《把录像引进语文课堂》（《四川电教》）、《现代文阅读能力结构初探》（《乐山教研》）……

从教10年，我成长的道路并不是一帆风顺——我取得过一些成绩，也遇到过不少挫折；得到过许多领导、专家、学者、老师的指点帮助，也引起了个别人对我失误的幸灾乐祸或对我成功的妒火中烧……但无论何时，给我以清醒头脑与坚强意志的还是我的学生：当我重病卧床，学生给我送来录有他们安慰话语和歌声的磁带时；当我站在寒冬的讲台上，一位常被我批评的学生递上一张写有"请穿上大衣，当心着凉"的字条时；当我即将外出开会或讲学，学生们深情地说"李老师，您可要早点回来"时；当我在一个元旦的早晨，推开寝室门，惊讶地发现门上插着一束鲜花，在朝晖的映照下，花带上一行小字"李老师，愿您永远是一轮初升的太阳！"灿烂夺目时……热泪盈盈中，我真诚地感到：一切荣辱得失，比起这一颗颗炽热的童心，是多么的微不足道啊！

仿佛是历史的重演，1990年高考前夕的一次语文复习课，我走进教室，映入眼帘的是黑板上一行美术大字："祝李老师生日快乐！高90届一班全体同学。"讲桌上摆着一个为我定做的特大蛋糕和一本有全班同学签名的精美影集。在雷鸣般的掌声中，班长代表全班同学向我送上一束鲜花："李老师，您不用解释了，今天是不是您的生日并不重要，我们不过是借'祝生'向您表达三年来我们对您的感激之情罢了！"我把生日蛋糕切成六十块，与学生共享；然后抚摸着鲜花一字一句地对学生们说道："作为老师，还有什么比这更高的奖赏呢？不过，我欠你们的太多太多了！这笔债，我是永远也还不清的啊……"

但是，我愿以毕生的精力去偿还这笔"债"。是的，用童心报答童心，这就是我献身教育的原动力。如果有人认为我的思想境界不够高的话，那么，我想借用杰出教育家苏霍姆林斯基的一段话来强调我的教育信念："我生活中最主要的东西是什么？我毫不犹豫地回答：对孩子的爱。"（《我把心灵献给孩子》）不过，根据自己切身的感受，我还想冒昧地替导师这段话补上一句："以及孩子对我的爱！"

永远的未来班

回成都之前，赵刚给我发短信，说这次初87届一班的聚会他将给我一个惊喜。我回他说好呀，我期待着。赵刚又回我："还不知道能不能实现呢？"

会是一个什么惊喜呢？

前天回到乐山，赵刚告诉我，聚会在十日晚上六点半，地点在"三苏酒楼"。我突然想到，初87届一班搞过好几次聚会了，可我教过的第一个班初84届一班可一次聚会都还没搞过呀！分别二十六年了，当年的学生啥样儿了呢？

于是昨天上午，我给初84届一班的班长何静红打电话，刚说到聚会，她便说："李老师，我知道了，今天晚上嘛！"我一愣："什么今天晚上？"她说："三苏酒楼209包间。"我大惊："那是初87届一班的聚会呀，你怎么知道的呢？"还不等她回答，我突然反应过来："啊！这一定就是赵刚说的给我的惊喜了！他悄悄联系并同时组织了初84级一班的学生，想给我一个'突然袭击'。"

这个赵刚，虽然当年很是调皮，让我操心不少，也骂了他不少，但最近几次的聚会，都是他组织的；这次的"惊喜"，真让我感动！

虽然我对历届学生都很爱，但对初84届一班却有着特殊的感情。毕竟这是我当年从教所带的第一个班，那时尽管年轻，却有着一份浪漫，一份纯真，一份理想主义情怀。于是，有了未来班，于是有了谷建芬谱曲的班歌和作曲家与这个班孩子的交往。

晚上六点半，我和刘忠斌准时到达三苏酒楼。进门就看到赵刚、张锐、陈晓蕾、邱梅影等初87届一班的学生已经在桌前说笑。再看稍远一些的那一桌，几位中年人也谈笑风生。我只是象征性地对赵刚等人点点头笑了笑——毕竟近年来我和他们还聚过几次，便直奔远处那一桌。他们见我来了，都笑了："李老师，还认得我们不？猜猜！"

"王洪川！张春银！李强！吴蔚！陈晓梅！田晓敏！刘春华！张海

波！……”尽管二十六年没有再见，他们已从十五六岁的少年成长为四十多岁的中年人，但我还是一一准确地认出了他们。大家一片惊叹，说我记性好。我说：“当初我年轻记性是好，最近十来年教的学生，毕业几年我就叫不出名字了。还有，因为是在这特定场合，一看到你们我就在大脑里搜索你们的模样，当然能够认出了。其实，如果在大街上相逢，我还不一定能都认得你们呢！”

我对田晓敏说：“当时你在班上年龄最小，和许艳最要好了，几乎形影不离。对了，还有冯萍，你们是也很好的朋友。”

这时，刚到的一个男子走到我面前：“李老师，我是哪个？”我看了看他，却没认出，旁边的人要帮我提醒，我说：“不要说不要说，我自己想。”但我想了很久，实在想不起了，很抱歉地说：“不好意思，确实记不起了。”他说：“我是王军！”

哎呀，的确变了，当年可爱的小男孩模样，现在一点影子都没有了。我惊叹：“原来是王军呀！有一件事你可能都忘记了，但我还记得，有时候去讲学还给老师们说起，就是有一回你交作业本，后面专门为我写了一行字：‘李老师，天凉了，请多穿点衣服！’”王军说：“我的确忘记了。”

又过了一会儿，一个女生赶到，大家又要我猜，我一看就说：“许艳嘛！一点都没变！当年真是天真烂漫的小姑娘！”

我说：“有一天我下班回家，路过关爷庙那条街的一个小书店，我便进去了。正在专心翻书，突然身后一声非常稚嫩的童声：‘李老师好！’回头一看，是许艳非常纯真的笑脸，许艳还眉飞色舞地对我说：‘刚才我看到前头一个背影，像是李老师，后来又进了书店，我就想，是不是李老师呢？然后我就进来看，结果当真是李老师！’说完便给我挥手：‘李老师再见！’哎呀，那个天真烂漫，我现在都还有印象！”

大家又说我记性好。许艳说她完全记不起我说的了。我说："你们是我教的第一个班呀！印象太深了！我十多年前写了一本书，叫《爱心与教育》，里面就有你的故事。还记得吗？那时候我因病住院，住院之前，你和田晓敏、毛利几个到寝室里来看我，哭得好伤心，说'都是我们把李老师气病了'，还给我唱歌，并录音，要我带到医院，想你们就听你们唱的歌。"

过一会儿，又来一个美女，我叫道："龚驰群！那时你的作文写得不错哦！"我问："王薇怎么没来？当年你们俩最要好了！"不一会儿王薇也来了，我依然一眼就认出了。

一时间，整个大包间热闹非凡。我对赵刚他们说："今天我就坐初84届一班的这一桌了啊！对不起你们了啊！"他们表示理解。因为初87届一班近年来聚过几次，而初84届一班，今天却是第一次聚会。

我提议大家举杯，为两个未来班同学的聚会干杯！我破天荒地喝了一小杯红酒。接下来，学生们陆续来向我敬酒，我也祝福他们。

觥筹交错之间，尘封的往事一一浮现。我和孩子们——不对，不应该叫他们"孩子们"，他们的孩子现在都大多读小学读中学了——我和学生们谈起一些记忆片断——

"王洪川呀！你还记得不？那时候每天早晨骑自行车上班，路过广场，都要搭你上学，有时候我也不停车，你看见我来了，一蹦便坐到我的后面！"

"周涛，长胖了！你当时很纯正，老实，性格温和，脾气很好。现在也没变。"

"李强，你是前外贸部部长呀！我教的学生就数你官当得大了！呵呵！"

"何静红，当年的班长，还是那么稳重呀！"

"吴蔚也当过班长呢！当时给我的印象是非常正直。"

"陈晓梅，作文写得很好！"

“龚驰群，当年也是可爱的小姑娘，天真烂漫得很哦！”

“刘大庆，当年实在是太调皮了！挨了我不少骂哦！有一次女同学上台表演舞蹈，你还和她们一起跳呢！”

“刘春华，那时候也小调皮呢！”

“张春银，我班的体育健将，那次学校运动会，你破了学校的跳高纪录呢！现在，你是中学体育教师了，我们是同行呢！”

“张海波，那时很瘦，现在怎么长这么胖？你的性格一直温和，现在也没变。”……

王军坐我旁边，说：“当年给我们读了好多小说《爱的教育》《红岩》《青春万岁》《烈火金刚》……我的印象太深太深！”好多同学也说至今记得我那时每天中午在教室里给他们读小说的情景。

张海波说：“李老师，我特别感动的是，有一年大年初一早晨，你来电话叫我去郊外玩。那一次，你带着我们几个同学到郊外的山坡上玩。”

我想起了，刚参加工作那几年，我几乎每年大年初一都带着学生们出城徒步郊游。

王红川现在已经是乐山市比较著名的骨科专家了。他特地把当年我给他们编撰的毕业纪念册《未来》带来了——从那以后，每带完一个班都编一本书，成了我的传统。

我感慨时间之轮的飞速转动：“当年我第一次和你们见面，好像还在昨天，可一算时间，二十八年过去了！那时我还不到二十四岁呢！”那是1982年春天，过完春节，我便上班了。

同学们争相翻看着已经发黄的油印书页，不时唤起的有趣记忆引起阵阵哈哈大笑。

接到伍健的电话，说今晚实在不能过来，明天一定专门来看我，我说：“好呀。”

酒过三巡，我转移到初87届一班的桌上，表示我是很“公平”的。孩子们说，不要紧不要紧，我们今天把李老师让给师哥师姐！

这一桌的孩子们我也很喜欢：张锐、黄剑钊、刘忠斌、陈晓蕾、邱梅影、鲁明、王小勤……我特别感动的宋平也来了——他在广州工作，刚好回家过年，便来参加这个聚会了。不一会儿，彭涛也赶来了。

彭涛和陈晓蕾当年是第二任班长。他俩过来向我敬酒，彭涛说：“李老师，至今我也不知道，当年我和她谁是正班长。”当年同学们选出两位班长是没分正副的。我笑了：“女士优先，陈晓蕾是正班长！”众人大笑。

赵刚特别率真可爱，他喝了酒有些兴奋，也开始“吐真言”，说我当年骂他，因为他上课不认真听讲还看课外书；还有一次因为犯了什么错误，连续请了四次家长。“那时我难过了很久，哭了，心里很恨你呀！”我笑了：“那是你不断犯错误，也把我气惨了！谁叫你不像人家张锐呢！”但我心里其实很是内疚：当年年轻气盛，有时候批评学生过分严厉，伤了他们的自尊心。想到这里，我很真诚地对赵刚说：“原谅李老师当初的不成熟呀！我也刚当老师嘛！”

的确如此。我由此还想到了初84届一班经常被我“收拾”的李松、张帆、周一等人。唉，刚出大学门，除了理想、激情，就是浑身使不完的精力，除此之外，什么教育智慧、教育艺术、统统谈不上，纯粹凭着和学生一样的纯真，便全身心地投入到学生当中。工作急躁，方法简单甚至粗暴，挖苦辱骂学生，我都有过的。现在想起来，我真的觉得对不起那些被我伤害过的学生。

不过，尽管当年没经验没智慧，可是那份简单而纯真的投入，现在想起来我都被自己感动了。同时问自己：我现在还有这样的理想和激情吗？

他们问我什么时候回乐山作报告，我说估计下学期吧。大家便说，下次李老师回来做报告，一定要去听。我说欢迎欢迎，我每次做报告都讲你们的故事呢。

又来一位女生，我一看："姜茹！"这个姜茹，当时是特别热爱班级，乐于助人的同学！

两个未来班的学生互相敬酒，虽然他们原来都不熟悉，但因为都是未来班的学生，便有一种"精神血缘"。

赵刚跳到凳子上，高声说："我们一起来唱唱我们未来班的班歌吧！"大家都说好。于是，在赵刚"张牙舞爪"的指挥下，大家唱了起来："蓝天高，雁飞来，青青松树排成排，我们携手又并肩，唱着歌儿向未来……"

歌声把我带回了青春燃烧、激情飞扬的八十年代，带回我的教育生涯那芬芳透明的起点。

两个未来班的学生在楼下合影留念之后，张海波邀请大家去唱歌。我不熟悉路，许艳便让我坐她的车。我说："当年能够想到，二十八年后，许艳会开车而且还当李老师的司机吗？"

在"亮点"歌厅，我为大家献唱了三首歌《草原上升起不落的太阳》《在那桃花盛开的地方》《骏马奔驰保边疆》。接下来，在一首又一首的歌曲中，我们翩翩起舞。本来我因为不会所以很少跳舞，但在今天的气氛中，也分别和陈晓蕾、许艳、邱梅影跳了起来——其实就是她们陪我小范围散步，同时凑在对方耳朵聊天——那情景，俨然地下党接头。

快十一点了，张海波等人还意犹未尽，可我想到明天大家还要上班的，便说："意犹未尽是最好的结束时候，因为就会有一种再聚首的期盼。我们最后一起唱一支歌作为今天聚会的结束吧！"

《同桌的你》的旋律响起了。由我开头，然后每个同学唱一句，话筒在我们手中传递，歌声响了起来——

明天你是否会想起　昨天你写的日记

明天你是否还惦记　曾经最爱哭的你

老师们都已想不起　猜不出问题的你

我也是偶然翻相片　才想起同桌的你

……

补充：昨晚上，赵刚约我今天逛一条小铁路遗址，说想和我倾吐。今天上午，赵刚陪我穿过竹林，走过田野，沿一条废弃铁路的路基步行了半天。一路上，赵刚和我聊他的困惑，他的思考。本来今天上午我家里来了客人，但我依然陪赵刚聊天。因为他这么信任我，这多年过去了，还把我当做最信任的人来倾诉，我很感动，不能辜负他的信任。赵刚过去纯真，今天率真，还保持着真性情，难得。

浪漫的高95届一班

今年二月去新加坡，见到高95届一班的夏亚卉。我们都认为应该搞一个同学聚会。没想到，半年之后，由唐浩组织，我们梦想成真。

2010年7月15日晚上，原成都市玉林中学高95届一班的同学聚集到了成都大蓉和酒楼双楠店。整整十五年，毕业之后就没有聚过，真不容易。虽然人并没到齐，但大家都很开心。

我走进包间的时候，已经来了不少同学，在大家的欢呼声中，我一一叫出了每一个同学的名字。大家一片惊叹，说“李老师记性真好”，我说：“那当然，这个班是给我留下最深刻印象的班之一！”

如果要用一个词来概括这个班的特点，我想只有“浪漫”这个词了。

我曾经说过，教育不能没有浪漫气息，学生的生活不能只有考试和作业。令我自豪的是，当初带这个高中理科班的时候，我同样面临升学压力，也要考虑如何才能完成上面给我的升学指标，因此也补课，也排名，也模拟，也不停地找踩线生谈心……但是，这个班留在我和我学生心灵中的记忆绝不仅仅是这些，还有——

周末的狂欢，然后我们骑着自行车沿成都市一环路狂奔，青春的笑声冲向夜空；每一个小组轮流到我家里吃饺子，或火锅，然后我们打扑克；春天，我们走向原野，用双脚丈量美丽的成都平原，我们的谍战游戏“南下风暴”席卷开满油菜花的土地；我们第一次的韵律操比赛，同学们整齐的手臂将优美的弧线画过在场每一位观众的眼帘，激起一片惊叹；“一二·九”歌咏比赛，我指挥着青春勃发的少男少女们“军歌联唱”——《我是一个兵》《在太行山上》《游击队歌》《中国人民解放军进行曲》……最后我们毫无悬念夺得第一名；在银厂沟，我们徜徉于青山绿水之间，迎面吹来凉爽的风；课堂上，我给大家朗诵中篇小说《凤凰琴》，同学们泪如雨下，倾泻着我们共同的悲伤和善良；高三最后两个月了，可我的语文课并没有做大量的练习，而是让同学们读刚刚出版的余秋雨散文《文化苦旅》《文明的碎片》；新年前夕，我们在野外点起篝火，数着星星，迎接着新年的到来；毕业前，最后一次去野外，我们在游泳池里疯狂，溅起的水花洗净了蓝天……

同学们想起这些，都觉得我们班很温馨很幸福。孙任重甚至说：“进大学后，同学们都诅咒高三，我却特别怀念我的高三！”陈蓓也说：“我给人家说我们高中搞了很多活动，人家都不相信！”

能够给我的学生留下充满人性的温馨记忆，就是我的教育追求。如果他们感到在李老师身边生活的三年，是他们生命中一段阳光灿烂的日子，我便有了职业幸福。

当然，这个班还有另一种记忆，就是经常停电，于是不得不点上蜡烛上课；后来我们又买来汽灯，只要断电，汽灯便屹立讲台，用温暖的光照耀着一张张青春的脸庞。

这个班的学生们纯真，这个班的老师们纯正，这个班的生活色彩斑斓。在最后的高考中，成都市玉林中学高九五届一班创造了奇迹！

这个班的一千个充盈而充实的日子，被我们凝固成一本书《恰同学少年》。这本书伴着同学们继续在人生的路上前行。今年二月，我去新加坡讲学，已经定居新加坡的夏亚卉同学还来到我讲学的现场，翻开她一直珍藏的《恰同学少年》，给所有听课的老师朗读她当年的文字《班级风景谈》。

十五年过去了，当初的少男少女，如今大多做了爸爸妈妈了，而且个个都在自己的领域干得不错，我很欣慰。

尽管已经过去十五年，但我班的姑娘们和小伙子们当年的一些细节我还记得清清楚楚：陈蓓在一次春游路上，不敢跨过沟坎，好可怜哦！吴湛的家离学校很远，但她从不迟到，有一次，我在班上表扬她，全班为她鼓掌；刘攀就住学校隔壁，却经常迟到，不过，她成绩好，没有因迟到而受影响，而且刘攀性格开朗活泼，常常给大家带来欢乐；阳洋学习特别刻苦，每次下课都围着老师，孙任重写得一手漂亮的行书……

我特别带了一本相册来，这是高一时候的照片。同学们围在一起，翻开照片，看到当年的自己，开心极了！

聚会是短暂的，但大家商定，以后每年聚一次，下次就在明年春节。于是，分别时我们把期盼的目光投向了明年。

附录：我当年为同学们写的诗——

高三风景（二首）

烛光

烛光辉映，
烛光闪烁——
辉映着学子眼里渴求的光泽，
闪烁着老师手中知识的圣火。

窗外，寒风停止了呼啸，
室内，黑暗也悄悄退缩。
烛光中的老师蓦然辉煌了起来，
同学之间也亲近了许多许多。
洁白的蜡烛在默默地流泪，
流出了奉献者的欢乐；
豆大的火花在微微地跳动，
跳动着我们奋进的脉搏。
啊，停电的日子，
竟是如此温馨而又灿烂的时刻！

烛光辉映，

烛光闪烁——
辉映着一张张年轻的脸庞，
闪烁着耕耘者心灵的炽热。

紧闭的嘴唇蕴含着坚毅，
微皱的眉头凝聚着执著。
在这平凡而难忘的小小空间，
有你，有他，也有我。
纯洁的蜡油，绚丽的火苗，
把纯洁的年华、绚丽的青春定格！
这是九十年代，
灰暗而又走向光明的高三生活；
这是二十世纪，
艰难而又充满希望的中国！

子夜

世界已经沉睡，
意志还保持着清醒；
天地坠入了黑暗，
我的书桌还洒满光明——
几何定律、力学公式
以及外语单词、分子式还有鲁迅——
在秒针无情的敲击中，
统统融入大脑的神经。

——多想立即去睡啊，
而且永远不再醒！
但是，今天的计划
还没有完成，
我还要继续在黑暗中——
抵御着疲倦，
抗争着命运！

阳光·竹林·笑声

秋天的阳光透过竹叶间的空隙，斑斑点点地洒在竹林中的一块空地上，洒在空地中央一群活泼少年的身上，也洒在这群少年中唯一的成年人——我的心上。

然而，此刻我心中装着的不仅仅是阳光，更多的是十二万分的紧张！

—— 一场“老鹰捉小鸡”的游戏，使我和邹冰成了怒目而视的对手。

邹冰这只凶恶的“老鹰”两眼圆睁，闪着贪婪的光，仗着自己身高手长，向我猛扑过来；我虽“年迈体弱”，却毫无惧色，勇敢地张开双翅迎上前去！邹冰弓着身子，直着脖子，张牙舞爪，上蹿下跳；我挺着胸膛，憋足力气，拼上老命，左突右挡……突然，邹冰向左一冲，我赶紧往左一迎；然而，假动作，他猛然往我右边直杀过来，吓得我身后的一大群“小鸡”惊恐乱叫，眼看我可怜的小鸡就要落入鹰爪，我疯狂地向邹冰扑了上去，用双臂死死地抱住他粗壮的腰身。邹冰一下子动弹不得，我一时也不敢松开双臂，我们两人就这样“亲密无间”地拥抱着，喘着粗气拥抱着……就这样，虽然邹冰杀气腾腾，气势汹汹，但我仍然忠心耿耿，威风凛凛，护卫着我可爱的小鸡们……

这是一个星期一的早晨，我和我的学生们为庆贺我班在校运会上取得的辉煌成绩，特地来到这竹林掩映的望江公园游玩。击鼓传花、丢手绢、捉迷藏、老鹰捉小鸡……这些老掉牙的游戏，却使我们感到了无限的乐趣。同学们的歌声在竹林间萦绕，他们的呐喊声和欢笑声穿透浓密的竹叶传得很远很远——远处的游人也被我们的狂欢所吸引，情不自禁地向我们投来羡慕的目光！

我实在是太累了，浑身的骨架仿佛快散开了；于是，我让学生们自由活动，我疲惫地坐在一张石桌旁，以“苟延残喘”。

“李老师，我们来玩扑克牌吧！”向启、向楠、侯伯俊等同学向我围了过来。“好吧！今天就让我展示一下我的‘拱猪艺术’吧！”一看见学生那年轻的脸庞，我的精神又来了。

其实，我的牌技并不高，不，简直可以说是太臭！然而，和同学们的水平相比，我就堪称“天才”了！几盘牌局下来，对手的肥猪被我一一拱下，同时我“羊肉”也吃了不少，惊得学生们大叫：“嗬！李老，高手！高手！”我当然越发得意，顺势当场收了三个徒弟：于丽、侯伯俊、李文力。在我的言传身教之下，他们居然也能拱几下子了！

秋天的阳光透过竹叶间的空隙，斑斑点点地洒在竹林中的一块空地上，洒在空地中央一群活泼少年的身上，也洒在这群少年中唯一的成年人——我的心上。

PART6

第六辑　做教师的四种态度

近三十年来，从120双镜头黑白相机到现在的数码单反相机，我的相机换了一个一个，但镜头始终对准我的学生。这些不同时期的照片，记录着我的教育现场，编织着我的教育历史，也凝聚着我的教育幸福，并丰富着我的教育人生。

铸造青春里程碑

每当我自豪地向朋友说“我当班主任以来已带了六个班级”时，我便会拿出六本沉甸甸的“班级史册”——《未来》（一）、《未来》（二）、《花季》、《恰同学少年》、《童心》、《少年》。

在每个班毕业前夕为学生编撰“班级史册”，已成了我当班主任的“保留节目”。当为初84届一班编印《未来》（一）时，还只能用铁笔在蜡纸上一个字一个字地刻写，然后自己手握滚筒油印，最后发动全班学生一起装订；而到了编撰《恰同学少年》，我们的“班级史册”就已经是一本激光照排、烫金硬封的著作了！这些书，对我来说，是我教育的备忘录；对学生来说，则是他们青春的里程碑。

如果这样还不能说明编撰“班级史册”的意义的话，那么，我想摘录我在为高95届一班编撰《恰同学少年》时写的序言中的几段文字——

……但是，《恰同学少年》的意义不但我和我的学生明白，我的学生家长明白，而且与我并肩战斗的各位科任老师明白，一直给我以鼓励与支持的学校领导也明白——它是一段生活的定格，一页历史的缩影，一种精神的凝固，一份情感的珍藏，一簇创新的火花，一道理想的光芒，一串记忆的珠宝，一束青春的花朵……

绝对的真实，是这本书的生命，这也可能是它能够吸引其他读者的地方。我整理这30多万字的稿件时，整个身心无不为我学生的纯真和我们集体的凝集力而激动万分：我为有这么好的学生而自豪！而且，这一份自豪并非我这个班主任所独有——三年来与我风雨同舟的数学老师刘老师已满头银发，她在给学生的毕业赠言中写道："能有你们这样聪明勤奋的学生是我一生最大的荣幸！"学生们对这本属于他们的"青春纪念册"自然倾注了极大的感情，但我认为，再过10年、20年、30年，这本书对他们的意义才会真正显示出来。今天，他们带着这本《恰同学少年》离开了高中班级，也就带着一颗童心踏上了人生；将来，他们的思想会更加成熟，感情会更加深沉，知识会更加丰富，但"高95届一班情结"会伴随他们一生；甚至我们不妨这样大胆地想象：再过50年，他们中的某一位同学，会突然收到另一位天各一方分别多年的同学寄来的生日贺卡，那薄薄的贺卡会让时光倒流——流回那黑板上方写有"善胜者不败，善败者不亡"的小小教室，顿时，布满皱纹的脸上会挂满青春的泪花……

一滴水可以折射出太阳的光辉。一切不属于我们这个可爱集体却又偶然读到这本书的人们，在惊叹、感慨或羡慕的同时，还能够通过一个班级看到20世纪末中国普通中学教育的缩影：欢欣与苦涩、黯淡与辉煌、抱怨与无奈、纯真与虚伪、泪水与汗水、自信与违心、骄傲与尴尬……不管是肯定还是否定、赞扬还是批评，这一切都是我们经历过的。所有关注中国教育的人，所有关心当代中学生的人，读了这本书不会没有一点收获。

尽一切可能真实地反映出我和学生们共同度过的这1000多个难忘的日子，并最大限度地展示我们班集体的个性和我教育的个性，是我编撰这本

《恰同学少年》的主要目的之一。而且，只要今后我仍在中学执教，并担任班主任，那么，这样的青春里程碑，我将一座一座地铸造下去……

从《未来》到《少年》，十几年充满激情编撰“班级史册”的过程，使我对这项工作有了比较理性的认识。

这里所说的“班级史册”，是全班学生共同撰写、编印的反映班集体三年来各方面情况的“班级风采录”。班主任组织、指导学生编撰这样的“班级史册”，是很有意义的。

（一）围绕编撰“班级史册”，班主任可以引导学生更加热爱、关心班级，把班集体建设得更加美好。编撰“班级史册”的具体工作虽然是毕业前最后一学期的事，但“班史”的书写却是从班集体组建的第一天便开始了。因为我们所说的“班级史册”毕竟不是单纯的“优秀作文集”，而是三年班级风貌的忠实记载，集体精神的珍贵结晶。班主任在与新生见面之初，便可提出“班级史册”的编撰，以激励学生在未来的集体生活中以行动认真写好“班史”的每一页。从某种意义上讲，前五学期都是编撰“班级史册”的准备阶段，而这同时也就是班集体建设的过程。

（二）通过编撰“班级史册”，可以强化、巩固学生已经形成的集体情感与集体观念。在一些班级，随着毕业的临近，班集体便开始涣散：学习纪律、清洁扫除、班级活动等都不如以前，激烈的升学竞争还可能影响一些学生之间的团结……怎样使班集体能在最后阶段都保持良好的风貌呢？编撰“班级史册”是一种有效的方法，学生在编撰“班级史册”的时候，对班级往事的回顾，最能激起他们对心爱集体的依依不舍之情，五十多位同学所表现出来的这种共同的恋情，会使班级的凝聚力空前强大。这有助于班主任以集体主义教育为中心，对学生进行各种毕业教育。

（三）学生拥有一本“班级史册”，是拥有了一份丰厚的精神财富。毕业之际，学生领取毕业证书的同时，又得到一本凝结着自己心血的“班级史册”，其心情之激动是无法形容的，因为这无疑是把集体生活与集体精神永远留在了身边。对学生来说，这是一座标志自己健康成长的青春里程碑，是一枚体现自己纯真品格的人生纪念章，是一段珍贵的回忆，是一份炽热的情感，是一串闪光的脚印，是一颗晶莹的童心……“忠实于少年时代的友爱、热情和誓言，这是人生最严肃的事情。”学生告别了同学，告别了班主任，告别了母校，但手中的“班级史册”将激励着他永葆童心，走向成熟！

（四）班主任拥有一本“班级史册”，是拥有了一份对新班学生进行教育的生动教材和总结自己教育经验的素材。每一个学生只有一次中学生活，但班主任却要和不同的学生经历一次又一次的中学生活，因此，“班级史册”对班主任来说，就不仅仅具有纪念意义，更具有教材意义。新生进校后，在组建集体的过程中，上一年级的“班级史册”，便成了对学生进行集体主义教育的生动教材：或是教师选读，或是学生传阅，通过一本“班级史册”，老同学的集体主义精神便潜移默化地感染了每一位新生，同时，这无形之中也为新班级树立了一个榜样。如果班主任坚持不懈地在所带的每一个班级都组织学生编撰“班级史册”，那么，十年、二十年、三十年之后，班主任便拥有了一座蕴含着自己教育思想、教育实践、教育特色的“教育矿藏”，他可以以一本本“班级史册”为素材，总结自己的教育经验，提炼出一些教育观点，并上升为理论，为丰富、发展中国的教育理论作出自己的贡献。那么，怎样编撰“班级史册”呢？

前面已经谈到，“班级史册”并不是一般的优秀作文集，而是记载集体生活、反映集体精神的“班史”。因此，编撰“班级史册”必不可少的前提条件是，师生共同造就一个朝气蓬勃、健康发展、富有特色、令人难忘的班集体。这一条件具备之后，便可在最后一学期着手具体的编撰工作了。一般来说，编撰“班级史册”可按以下步骤和方法进行。

（一）征集稿件：一切反映本班三年集体生活的文章都在征集之列。征集稿件的途径主要有三：一是班主任保存的学生文稿，这是班主任平时有意识地从学生处搜集选留的有关作文、周记、日记等文字材料；二是让学生在自己以往的作文本中选择符合“班级史册”内容的文章；三是与语文教师配合，利用一次课堂作文时间，让学生写三年来班集体生活中最难忘的人或事。

（二）筛选修改：在充分征集稿件的基础上，根据“班级史册”的内容和编写要求对稿件进行筛选。内容重复的稿件可择优选用，对漏掉的内容（如重要的事件、值得记录的活动、突出的同学等等）可安排学生临时写。筛选稿件的时候，应特别注意作者的覆盖面，尽量让每一位同学都有文章入选。入选稿件确定后，便一一交还给作者修改。由于在筛选的时候，便对内容进行了审核，因此，这时的修改不在内容上做大的变动，而主要是进行文字方面的修饰与调整。若学生复习时间太紧，修改工作也可由班主任和有关语文教师承担，但即使是经过教师修改的文章，应尽量保持原作者的文字特点。

（三）编排目录：入选稿件改定后，便可根据内容将其分门别类，如写老师的、写同学的、写课内学习的、写课余活动的、写惜别之情的、写畅想未来的等等，以形成“班级史册”一定的体例，在这个基础上，编排“班级史册”目录。为了突出其纪念意义，还可把任课教师名单、三好学生、班级大事记等作为附录编在“班级史册”后面。

（四）印刷装订：根据条件，“班级史册”的文章可以油印，也可以铅印甚至激光印刷。这项工作可争取学生家长的配合支持。如果是打印，班主任将稿件分散交给能够帮忙联系打印的家长，也可按稿件作者分别让其家长“承包”打印。稿件打印好后，待学生毕业考试完后便可回校人人动手一起装订成册。当然，若条件许可，“班级史册”完全可以交印刷厂激光排版印刷成书。

还需说明的是，对于不是语文教师的班主任来说，“班级史册”的编撰，显然离不开语文任课教师的指导。因此，班主任应主动与语文教师联系，求得理解与支持。一般来说，本班语文教师对此是会予以积极配合的，因为组织编撰“班级史册”，这对学生语文能力的锻炼与提高，作用是极为明显的。

附：

《恰同学少年》介绍

《恰同学少年——成都玉林中学高95届一班风采录》是我和学生们编撰的“班级史册”。书的正文之前，是我班集体生活的照片，各位老师写的赠言以及校长、班主任、班长写的序言。

全书正文部分为十六章：

第一章　新班风采。本章是同学们对刚踏进新班时的“第一印象”的生动描绘，也是我班集体主义凯歌的序曲：《新班和朝阳一起诞生》《我为我的新班而自豪》《这里有正气》《我是一个幸运者》……

第二章　恩师难忘。本章是献给各位老师的颂歌，同学们根据三年来自己的切身感受，栩栩如生地写出了不同老师的不同个性特色和他们对学生共同的爱：《罗明星老师：悄然离去的老象》《“妈妈老师”刘传碧》

《谢谢您，马家健老师！》《黄进老师的风格》……

第三章 同窗印象。本章是全班51位同学的肖像画廊，每一位同学的音容笑貌跃然纸上：《我为与她同学而自豪》（写陈峥）、《朴素即美》（写夏亚卉）、《天生我“柴”必有用》（写柴云川）、《“卡通人物”》（写龚晓冬）……

第四章 集体之光。本章集中展示了我班集体主义精神的绚丽色彩，反映了同学们为集体荣誉而奋发向上的蓬勃朝气：《班级风景谈》《我们歌唱……》《“数风流人物，还看今朝！”》《美的旋律》……

第五章 走向成熟。本章反映的是同学们在成长路上的丰富的情感、庄严的思考、成功的喜悦以及心灵的烦恼：《小小少年长大了》《论“战胜自我”》《灵魂的搏斗》《诚实比100分更可贵》……

第六章 我的一天。本章截取班级生活中平凡的一天，来反映班级既温暖又紧张的火热生活：《一寸光阴一寸金》《考试与考验》《挑战》《乐在其中》……

第七章 课余拾趣。本章记载了三年集体生活中同学们在学习以外的欢声笑语：《周末，我们狂欢》《迎接新年》《运动场上的趣事》《一场精彩的女子篮球赛》……

第八章 “南下风暴”。本章实录了我们高一春游时，在野外举行的一次惊险、有趣的军事游戏：《本次行动代号：“南下风暴”》《田野，卷过“风暴”》《战斗在“敌人”心脏》《跟踪追击，一网打尽》……

第九章 赤诚情怀。本章反映的是同学们关心改革、纵论天下的爱国情怀：《国旗下的思考》《十八岁，我们开始回答》《悲鸿不悲，德华缺德》《北京不是失败者》……

第十章 高考评说。本章是同学们对我国现行高考模式乃至教育制度的分析、评论：《现行高考制度之利弊观》《我看高考》《我的疑惑》《我想办这样一所学校》……

第十一章　两代对话。本章记录的是我班同学和他们的家长通过书信开展的一次心灵对话：《我的肺腑之言》《对孩子的一席话》《爸爸妈妈请放心》《你们的心愿儿女明白》……

第十二章　我爱我班。本章抒发了同学们对自己温暖班级的真诚的爱：《我们的生日》《爱在我“家”》《兄弟姐妹情》《一个电话传来的温馨》……

第十三章　决战高三。本章是同学们高三毕业前夕火热生活的写照，是他们拼搏人生、挑战未来的雄壮进行曲：《高三风景》《“上甘岭精神”》《这就是人生》《冲锋号吹响了！》……

第十四章　深情回眸。本章表达了同学们离别之际对心爱集体的依依恋情：《我舍不得我的班集体》《记忆的珍珠》《无悔的时光》《一本书和一个普通而又美丽的灵魂》……

第十五章　世纪之约。本章是同学们对锦绣前程、壮丽人生的美好憧憬和大胆畅想：《还母校一个辉煌》《梦幻未来》《50年后的聚会》《跨世纪畅想》……

第十六章　辉煌叹号。本章是对班级生活最后一页的真切描绘：《高考三日随想》《未完的答卷》《大哥，多保重！》《高考捷报：理所当然的丰收》……

正文之后是我写的三篇后记：《接过人格的火炬》（写给和我一起奋战的老师）、《永远的敬意》（写给理解并支持我的学生家长）、《我从同学们身上学到了什么？》（写给我可爱的学生们）。

书的最后是附录：《任课老师名单》《三好生、优秀学生干部名单》

《班团干部名单》《科代表名单》《小组成员名单》《全班同学生日一览》《毕业前一个月座次一览》。

附二：《恰同学少年》中的一篇文章

班级风景谈

夏亚卉

奔腾的江河、苍翠的群山、缤纷的花朵、清澈的小溪；蓝天、白云、清风、鸟语……这些是多美妙的风景啊！江山如画，身处其中，整个身心都会为之深深陶醉。但，不知你是否体验过这样一种美，一种蓬勃向上，充满了青春活力的美，一种更富内涵的美！而这美丽的风景恰恰处在一个看似平常的班级。

这是一个很平凡的早晨，一个很普通的场面。金色的阳光透过玻璃窗的映射，洒在教室中，映在我们的脸上，映在一张张充满朝气、充满希望的脸上，那神情是如此专注。啊，是我们正在晨读。太阳使劲向天上跳，一会儿教室中就更加金碧辉煌了———太阳也想晨读呢，想跟我们一块儿凑热闹。“叮……”上课铃响了。“起立！”猛地，我们齐刷刷站了起来，整齐笔挺，脸上带着笑，更映着一片灿烂的金光。看着面前五十一个朝阳映射下，生机无限的学生，李老师大概被这青春之美震撼了，禁不住脱口而出：“我面对着五十一轮朝阳！”有比五十一轮朝阳共耀人间更壮美的景象吗？没有！

冬末春初，早晚天色特别暗，若再停电，更是“暗无天日”。这天下午，同学们正上着课，日光灯倏地一下灭了，大家抱怨起来。一会儿，李老师拿来了十几根蜡烛，折断，点上，放在教室中阴暗的地方。光明又回来了！教室中恢复了宁静。烛火跳跃着，将一个个埋头攻读的身影飘忽忽地映在墙上。室中如此宁静，大家都在聚精会神地听着课，只有那摇曳的光影飘舞着，缭绕着，碰碰这个同学，摸摸那个同学。同学们映着烛光的眸子凝视着老师，烛光中，老师讲课的身影朦胧而辉煌！这是一幅如诗如梦的风景画！如此温馨，而又洋溢着无法抗拒的魅力与活力。

讲台上，放着一张漂亮的大贺卡，里面是我们五十一个同学的签名。我们签上了对李老师深深的敬爱，签上了对老师诚挚的祝福，只为表达对老师这一年来辛勤耕耘的感激。但，这份情又岂是这张贺年卡所能装得下的！上课了，李老师神采奕奕地走了进来。“祝老师新年快乐！”我们激动地喊着。看着同学们用心写出的贺卡，听着同学们用心喊出的祝福，老师的眼眶湿润了，老师的声音哽咽了：“谢谢同学们！祝同学们新年快乐，学习进步！”“哗……”掌声响起来了，五十二个人都被这感人至深的场面深深打动了。

一个普通的时刻，一个平凡的地点。升旗仪式正在进行，操场上站着全校师生。可场上并不太安静，少数同学在兴奋地谈论着什么，旁若无人。看到这，你可能会皱起眉头。然而，当你走到队伍的后面，忽然，你会眼睛一亮：这边有一个班级怎么如此肃静呢？男女两列纵队中竟无一人乱动，无一人交头接耳，而是一律立正，昂首挺胸，目光前视，仰望着蓝天上那和太阳一起冉冉上升的国旗……看到这两排齐如刀割的队列，你想到了什么？你也许会想到钢铁长城吧？——雄壮挺拔，巍然屹立。这是怎样的凝聚力，这是怎样的一颗颗中国心，这又是怎样一幅壮美的风景！

但是，如果你是成都市玉林中学高95届一班的同学，你就会觉得这实在算不得什么——因为，我们每天都在创造最美的风景！

（作者夏亚卉，女，高二时曾担任班长，后考上四川联大，现已定居新加坡。这篇文章是她高一时的作文。）

附三：一位家长读了《恰同学少年》后给我的来信

李老师：

您好！首先向您致以新年的问候，并恭祝教安！

拿到了《恰同学少年》一书，真有点爱不释手：拿起又放下，放下又拿起，百看不厌，百翻不厌！扬眉她妈妈也是一有空就翻看着。说来好笑，有时我和她是争抢着看。书的封面设计和装帧非常精美、漂亮，书中的内容更是丰富多彩、琳琅满目、五彩缤纷！真是让人越看越想看。这段时间临近期末，又是开会，又是上课，杂事亦多，但我仍然在“百忙”中抽空翻阅。这几天，我感慨万千，浮想联翩，一直处于激动之中，难以抑制的情感使我忍不住提笔给您写下这封信。

《恰同学少年》是永远也不会为岁月的风尘所掩盖的一页——人生的一页。我总觉得这本《恰同学少年》，像晶莹璀璨的宝石一样熠熠闪光，它闪耀和放射出51个学生青春的火花和热力的光华。

看了这本“班级史册”，我思想感情的潮水啊，在放纵奔流！心田里掀起的是黄河的波，是长江的浪啊！

从书中，我看到了51颗鲜活心灵的跳动，看到了51个少男少女鲜红的脸庞上甜美的微笑，看到了51棵鲜嫩的幼苗正沐浴着阳光雨露而茁壮成长，看到了21世纪的栋梁之材，看到了51个科学家、文学家、教育家、工程师、医生……正整装待发！是的，我看到了人人怀抱凌云之志，个个手握灵蛇之珠！是的，51个同学少年的热血春潮般激荡澎湃的声音，就在我耳边轰鸣！

李老师，我百感交集，我的寸心激动不已！

51个健儿，就要出发……

李老师，我的情感随51个心灵的跳动而波动，时而如骤降的春雨，时而如暴发的山洪，时而又如清风明月，而更多的时候是如浩瀚的海洋，掀起阵阵感情的万丈波涛！

李老师，我尊敬的小兄弟（请允许我这样称呼您，因为您常把我们这些学生家长亲切地称为“大哥”“大姐”），您的教鞭下有牛顿，有瓦特，有爱因斯坦，有居里夫人，有华罗庚，有林巧稚啊！

51个学生全部进入高校深造，谈何容易？但您和您的学生做到了。李老师：您移动了群山！

李老师，在厚达541页的《恰同学少年》中，浸透了您的心血和汗水。构思、设计、前言、后记、栏目，面面俱到，美不胜收，几乎无懈可击！您调动了51个生机勃勃的学生，调动了绝大多数家长，您弄到了校领导、老师们宝贵的题词——那些感人肺腑的题词！这又花去您多少精力和时间。反复奔波，不厌其烦地各方联系、协调、组织，选稿、改稿、抄稿、校对……在那酷暑盛夏，您全部的投入，整个身心都融化进了这本厚厚的“班级史册”！为了孩子们的健康成长，您日以继夜又夜以继日地奋战；为了孩子们的茁壮成长，您废寝忘食，常常通宵达旦地苦干。“班级史册”终于诞生了！这是51个学生青春时代永不褪色的一页啊！李老师，您跨越了东海！

因为您知道，该书对学生们的意义是终身的，是无法用金钱买来的。不管将来这51个学生到了天涯海角，还是当岁月的风霜染白了他们的双鬓时，书中带给他们的美好回忆都将会永存！

李老师，这几天我老是在想：为什么51个学生都喜欢您、尊敬您？为什么在您的班上具有这样强的向心力、凝聚力？为什么三年来，50多个学生能一直紧紧地团结在您的周围？这可能与您在书的封底上留下的格言——“坦荡为真，至诚乃善，朴素即美”的思想品格分不开。我在高校执教20多个春秋了，在党内也算担任了一定的职务，但更多的是只教我的物理课，很少做学生思想工作；学生教育嘛，有专职辅导员、班主任去做。而中学教师是拳打脚踢全包干，师生的教与学都是超负荷的，特别是高中教学，那是绷紧了的弓，待发的箭，是上足了发条的时钟，是充足了电的蓄电池啊！但是，我感到，您深深地懂得教育是科学又是哲学，教育是技术又是艺术！不，教育是这四者的结合！您做到了！您和谐完美地将它们融会起来了！真正做到了既教书又育人、教而重树德、授业又讲人生的境界。您的教育思想和教学方法是成功的！

李老师，此刻，当我向您写下以上的读后感时，我仿佛又看到了51个同学正弦歌一堂，正聆听您口若悬河地旁征博引，把学生带入《沁园春·长沙》《荷塘月色》《长江三峡》《雷电颂》……的意境之中！您的语言像蜜一样紧紧地粘住了学生的心啊！一江春水好行舟！我又仿佛看到了您的高足们正攻关在科学院，耕耘在研究室……喜报像雪片一样向您飞来！同学们必将为祖国的富强，贡献自己的聪明才智。李老师，您的辛苦不会白费，51棵幼苗的成长成才，这就是对您最大的报答，最好的安慰！还有什么会比这更幸福的呢？写到此，连我的心里都是甜丝丝的，春水一般荡漾！您老是爱说，该班是您执教以来，遇到的最好的学生和最好的家长。连我也有同感，扬眉的妈妈亦有同感。我从许多家长身上学到了很多，也从同学们身上学到了很多很多。您在书的《后记·永远的敬意》中感叹道："这批家长和他们的同龄人，也许是共和国最后一批正统而又正直的理想主义者"、"他们修补着自己的青春和生命"（粉碎"四人帮"后，我已到而立之年，竟又咬着牙关读了两个大学的物理系）"又用生命去修补着断裂的历史"！您的结论何其精辟、独到！您把我们这批家长视为大哥大姐，并致以"永远的敬意"，我们不仅感到亲切，更感到一种被理解的幸福！

李老师，我们知道您很忙，又开始划着一艘坐着数十个少年的航船，向新的港湾驶去。您正辛苦着！我不想多占您的时间了，但我仍要说：我深深感到这本“班级史册”是用理想做经线，奋斗做纬线，是用温和的月色和炽热的阳光，是用玫瑰和茉莉的芬芳编织而成的，是学生们的记忆的珍珠，是您闪光的足迹！我和我的孩子将永远永远珍藏它！

让黄金般的中学时代永存于51个学子的心中吧！

让51个蓓蕾盛开出更加瑰丽的花朵！

向着人生，向着未来，向着崭新的21世纪，51个孩子已经启程！

让美丽的青春永驻他们的心头吧！

生活的史册又翻开了新的一页。是的，“恰同学少年，风华正茂”！更壮丽的人生史册，正等待这51个孩子去续写！

沈明元

1997年1月5日

（作者沈明元同志是我班沈扬眉同学的父亲，系四川大学教授。）

倾听花开的声音

这是一本什么样的书呢？

是教育论著？不是。——虽然它的确蕴含着我对教育的一些思考。

是优秀作文集？不是。——虽然它的确汇集了学生的许多文章。

是校园小说？不是。——虽然它有着小说一般的可读性。

是报告文学？不是。——虽然它有着报告文学一般的真实性……

说实话，我还真不知道该怎样向读者介绍这本书的特点。

1984年7月，一个酷热难耐的盛夏夜晚，我一个人在学校油印室里挥汗如雨地推动滚筒。夜深人静时分，整个世界仿佛只剩下滚筒转动和纸张翻飞的声音。一张张散发着油墨芬芳的"书页"渐渐在我的脚下堆积起来——那是我为我的第一个毕业班编辑的"班级史册"《未来》。

当时，很少有人看得出我那样做有什么实用价值：这样的所谓"书"显然不能作为我申报职称的专著；同样是油印品，它的作用甚至还赶不上发给学生的各类应试模拟训练题。其实，就连当时的我对此也没有什么高远而深刻的认识。我只是有一种朴素的冲动：我应该把我和学生一起相处的1000多个日子以这种方式挽留下来。

从那以后，每带完一个毕业班，我都为学生也为自己编这样一本"书"。这样便有了后来的《未来》（二）、《花季》、《恰同学少年》、《童心》、《少年》……18年过去了，每当学生来看我时，总会自豪地说起"班级史册"为他们点亮的最初的人生之灯；而我，也从这些"班级史册"中提炼出了《青春期悄悄话》《爱心与教育》《走进心灵》《从批判走向建设》《教育是心灵的艺术》《风中芦苇在思索》等正式出版的著作。

现在，我的又一个班即将毕业，我开始编辑《花开的声音》……

有了编辑前几本"班级史册"的经历，编辑这本《花开的声音》似乎应该是驾轻就熟，更何况比起当初刻钢板的原始劳动，现在在电脑上编辑更应该是轻松而得心应手的事。但我的天性不允许我做任何简单重复的工作，我希望在这本《花开的声音》中体现出某种新意。

首先，在书的思想内容上，原来从《未来》到《少年》，更多的是考虑对学生们三年初中或高中生活的纪念意义，而现在，我希望这本书还能体现出我关于班级建设的某些思想；其次，在书的体例上，原来的“班级史册”主要是按学生生活的内容分专题编排的，而现在，我采用“纵横交错”的方式，一方面大体上按时间顺序分为“透明初一”、“缤纷初二”和“激情初三”三个部分，以展示我们集体的成长过程，另一方面，我又在每一个部分保持按专题分类，比如“集体之光”、“少年沉思”、“初生牛犊”、“挑战青春”等等，以展示我们班五彩缤纷的集体生活和精神世界。

要特别提出来说明的是，在编辑过程中，我犹豫了很久，终于还是决定将我们班的《石室晨报》植入书中。因为在初一初二两年时间里，《石室晨报》成了我班集体生活的橱窗，它对推动我班建设起到了非常重要的作用，同时，作为学生自己办的手抄报，它记录了许多生动活泼的班级趣事，洋溢着生活的气息。所以，本书的“透明初一”、“缤纷初二”部分，我不但给了《石室晨报》以突出的位置，选编了一些来自该报的文章；而且，“班级新闻”、“同窗印象”、“亮色点点”、“警钟声声”等小专题都是《石室晨报》上的常设栏目。

另外，在本书中我为六位学生设立了个人栏目，比如“透明初一”中有“文力日记”、“张杨记忆”，“缤纷初二”有“夏融心灵”、“尹萍随笔”，“激情初三”中有“李之抒情”和“叶诚思绪”。这六位有个性的学生以他们同样青春但风格迥异的文字给本书以“点”的支撑，可能会使读者更加深入而细腻地感受学生的心灵世界，同时我也企图以此增强本书的可读性。

现在，读者可能有点明白了——您手中的《花开的声音》是一本班级的风采录，是一段青春的心灵史。

像以往我编任何一本“班级史册”一样，我总会听到一些朋友好心地劝我：“何必这么亡命地操这份心呢？你太理想主义了！如果你的毕业班升学考试没考好，这一切还有什么意义？”

朋友的担心是很有道理的。坦率地说，从教18年来，虽然多数时候我教的毕业班中考或高考成绩还算过得去甚至有时还算“辉煌”吧，但由于种种原因，我也有过不那么“辉煌”的时候（比如高90届一班）。我并非生活在真空中，我当然得面对中国教育的现实，为着学生的升学竞争（它是学生将来就业竞争的序幕），我也不得不急功近利甚至“不择手段”地为学生“抓分”啊！（尽管我这样做内心十分痛苦）

但是，我同时又“固执”地认为，教育不仅仅是分数。它有现实的一面，更应该有理想的一面；它应该面对学生今天的需要，更应想到学生明天和后天的发展；它应该给学生以知识，更应该着眼于学生丰富而健全的人格的培养。

5年前，我在为高95届一班的“班级史册”《恰同学少年》一书作序时，曾这样写道——

常说“不以成败论英雄”，但这话在中国似乎从来就未真正做到过。就目前中学教育而言，“成”的标志，从理论上讲，是学生德智体的全面发展；但事实上，“成”的唯一标志只是学生们的升学分数以及学校的升学率。这使许多有志于教育改革的人，虽然胸怀教育科学与教育民主的顽强信念，却不得不在“升学教育”的铁索桥上冒着“学生考不上大学一切都是白搭”的舆论“弹雨”，艰难而又执著地前行！

这是一种很不正常的教育评价：假如某位班主任的工作富有特色（比

如班级管理尽可能交给学生，平时尽可能开展各种有益于学生全面发展的活动等等），尽管在当时就可以判断出这些做法是符合教育规律的，但周围舆论仍然会自然而然地把目光投向几年后的高考："工作倒是蛮有新意的，可万一高考滑坡怎么办？""哼！就会搞一些花花哨哨的东西，到时候高考可有好戏看了！"……几年后，假若学生高考成绩不错，人们会齐声喝彩："你看，人家的班级管理那么放手，而且又搞了那么多的班级教育活动，高考成绩仍然这么好，他确实有两下子！"相反，若高考成绩不理想或低于人们的期望值，同样也有人会说："班级管理那么松散，还搞了那么多与高考无关的活动，高考当然会砸锅——我早就料到了！"

于是，在当代中国，几乎任何一位优秀教师、优秀事迹的辉煌大厦，都必须以其班级大大高于所在年级、所在地区平均水平的升学率作为支撑的主要栋梁，否则，他的一切教育思考、探索与创新都等于零！

不能简单说这种社会评价舆论完全不合理。因为在中国这个人口压力极大的国度，升学是人们今后就业竞争乃至生存竞争的最关键也最重要的途径；而且，使学生具有较高的科学文化素质，也是教育的重要目标之一。但是，这毕竟不是唯一的目标！特别是在"升学教育"压倒一切时，不但做人第一、全面发展、发展个性等教育要义成了点缀的口号，而取得较高升学率所付出的代价，往往是学生个性精神的丧失！没有个性的教育必然培养出没有个性的学生——缺乏心灵自由，丧失主体人格，不会独立思考，毫无创造精神！长此下去，我们的民族将很难真正屹立于世界强盛民族之林！

马克思常用"人的解放"来说明共产主义革命的最终目的。时代发展到今天，我们有理由这样认为：从某种意义上讲，没有"教育的解放"，就谈不上"人的解放"！——正在告别20世纪走向新世纪、渴望现代化、渴望在世界上彻底扬眉吐气的社会主义中国，尤其呼唤这种“解放”！

从这个意义看，无论最后的分数如何，我为历届学生所编写的“班级史册”都会有其独特的价值：对我的学生来说，这是一座童心和青春的纪念碑；对我而言，则是我教育和人的里程碑——这是一段生活的定格，一页历史的缩影，一种精神的凝固，一份情感的珍藏，一簇创新的火花，一道理想的光芒，一串记忆的珠宝，一束青春的花朵……

编纂工作实际上从新生进校的第一天便开始了。通过学生的日记（注意：是一种作文训练方式，而不是真正意义上的日记）、周记、随笔和作文，同学们记载下他们1000多个平凡日子所走过的足迹，我平时有意识地收集、筛选、保存这些“史料”，到了毕业前的最后一学期，学生们全力以赴冲刺中考，我则一方面承受着比非毕业年级繁重得多的教学任务（主要是铺天盖地的“应试教育”：设计模拟题、考试、改卷、评讲等等）和忙于班主任的各种常规琐事，一方面挤出时间紧张地进行编辑工作。这样的劳作，的确是十分艰辛的。最近一个多月，我每天都熬到深夜而第二天都是5点过就起来工作了——难怪有老师说我“呕心沥血”。是的，我无愧于“呕心沥血”四个字；但我愿意呀，因为这是为爱我的学生所做的一件有意义的事。更何况，这同时也是一件十分幸福的事呢！

你想想，在深夜或凌晨，周围没有一丁点儿声音，只有我的键盘在“嗒嗒”地敲着——这是世界上最美的乐声。我觉得我不是在敲电脑，而是在弹钢琴，是在演奏来自教育来自学生心灵的最美的乐章。眼前的电脑屏幕上是一页页很纯洁很动情的文字，而这些文字又很自然地幻化为一幅幅很美丽很鲜活的画面，于是，我的整个身心又沉浸在和学生一起度过的被青春染绿的日子里……

听着这样的音乐，看着这样的画面，我的整个身心不能不为我学生的纯真和我们集体的纯正而激动万分：我为有这么好的学生而自豪！这是一种怎样的幸福啊！

这份幸福同样是属于学生的。虽然我没有让整天忙于操练应试技巧的学生亲自参与这本书的编辑，可他们对这本记载自己成长历程的书，却寄予了极大的期望；而且我认为，再过10年、20年、30年，这本书对他们的意义才会真正显示出来。今天，他们带着这本《花开的声音》离开了初中的班集体，也就带着一颗童心踏上了人生；将来，他们的思想会更加成熟，感情会更加深沉，知识会更加丰富，但“初2000届三班情结”会伴随他们一生；甚至我们不妨这样大胆地想象：再过50年，他们中的某一位同学，会突然收到另一位天各一方分别多年的同学寄来的生日贺卡，那薄薄的贺卡会让时光倒流，流回那曾洒下他们艰辛汗水和回荡着他们欢声笑语的小小教室，顿时，布满皱纹的脸上会挂满青春的泪花……

我由此再次感悟到：教育是心灵的艺术；它不仅仅是有意义的，它还是美的！

此刻，是2000年3月26日上午9点10分。金色的阳光正透过窗玻璃洒在我的身上，也洒进我的心里。这是成都地区难得的一个艳阳天。窗台上，花盆里的蟹爪兰在阳光的亲吻下舒展开了美丽的花瓣；再往远处看，一大片一大片的油菜花迎着阳光向着蓝天灿烂地笑着……

是的，我的确听见了花开的声音。

我不止一次地庆幸我是一个教师，因为与青春同行使我的心永远年轻；而且我特别庆幸我是语文教师，因为这使我能用一双“文学的耳朵”随时倾听“花开的声音”并把这种世界上最美的声音用文字表达出来。

（本文是我为成都石室中学初2000级三班《花开的声音》写的序言）

随身带个小相机

在外面讲学，我喜欢展示许多照片。那一幅幅老照片，记录了我从年轻时代到现在不同时期的教育生活。生动的形象，感人的场面，总能够感染老师们。曾有老师半开玩笑地对我说：“李老师，你是不是早就做好了要当名人的准备，提前就为今天照好了老照片？”我说：“我当初照这些照片，哪想过名人不名人啊！我不过是想用相机原生态地记录下真实的生活，为我的学生也为我自己的将来留下珍贵的回忆而已。”

的确如此。我一直喜欢照相——注意，我说的是“照相”而不是“摄影”，因为我这水平哪敢说是摄影呢？刚参加工作不久，我就买了一台海鸥牌的120型号的双镜头相机。我一直当班主任，除了用文字叙述故事记录感想之外，我就是用这相机捕捉一个又一个我认为有意义或者有意思的镜头：课堂上，孩子们上台当小老师；课间，男孩子打乒乓球，女孩子跳橡皮筋；中午，孩子们围着收音机收听中越边境老山英雄的事迹；清明节，孩子们在烈士墓前默哀；迎新晚会上，孩子们一个又一个精彩的表演；运动会上，运动健儿的龙腾虎跃；假期里面，我和学生们在峨眉山打雪仗的欢笑，在黄果树瀑布戏水的浪漫，在原始森林探险的刺激……八十年代，为了省钱，我学会了暗房制作，自己冲印照片。我会经常把这些照片洗印出来，贴在教室外面的墙上。课间，孩子们会聚集在照片前，指点说笑，回味着甜蜜的集体生活。也有外班的孩子来看我们的照片，眼神里面充满了羡慕。于是，我班的孩子更加自豪了。

后来有了傻瓜相机彩色照片，我记录的班级生活就更加缤纷鲜艳了。再后来，又有了数码相机，我就更方便了，每带完一个班至少会有数千张照片。每次聚会，我都会把这些照片带去，而翻看这些照片，总会是聚会时学生们最开心的事。他们会看到自己当年的纯真、幼稚，还有调皮和出洋相，同时又勾起他们多少温馨而富有情趣的回忆啊！每当这时，我就特别欣慰。我曾经多次说过，能够给我的学生留下充满人性的温馨记忆，就是我的教育追求。如果他们感到在李老师身边生活的三年，是他们生命中一段阳光灿烂的日子，我便有了职业幸福。而这一张张充满生命气息的照片，便是孩子们打开青春记忆的“钥匙”。我实在不能想象，我的教育生涯，如果没有相机将会怎样。当然也不会平淡，但至少会少了许多缤纷色彩。

对我来说，这些照片，还不仅仅是记忆的载体，更是我的一笔财富。每一张照片都绽放着孩子的笑容，每一个孩子的笑容都记录着一个故事，每一个故事都包含着与我的一段生命交往，每一段交往都是孩子和我共同的成长，而无论孩子还是我的成长，都凝聚着我的教育经验或教训，对这一切的回顾、反思、总结与提炼便沉淀为我的教育智慧。很多老师读我的《爱心与教育》的时候感动得流泪，问我是怎么想到写这本书的。我总是向他们说起1997年那个夏天我搬家时的一个细节。在把杂物打包时，我看到几十本相册，打开相册我看到了八十年代我和我学生的黑白照片。尽管照片已经开始发黄，但里面的人物却依然鲜活：宁玮、杨嵩、程桦……我很自然地想到了他们当年的成长故事，这些故事又让我想到了我的青春岁月，想到了我的教育探索。就在那一刻，我做出了一个庄严的决定：一定要把这照片中包含的故事写下来，让更多的教育者分享！从那以后的几个月，我让饱含情感的教育故事在键盘上流淌，于是《爱心与教育》诞生了。

从某种意义上说，随时用相机拍下教育现场，体现了一个教育者的教育情感。当他拿着相机对准学生的时候，他的情感一定是最投入的；按下快门的那一瞬，他全身心都倾注于学生。相反，对于一个麻木不仁的教师来说，任何教育精彩都激不起他的热情和兴趣。或许他本来就不想当教师，整天烦着呢！同时，能够随时拍下班级活动和学生生活的照片，还体现了班主任的职业敏锐。对于一个优秀的教师来说，他应该具备一双发现与欣赏的眼睛——孩子们任何一个哪怕是看起来微不足道的闪光点，都会让他情不自禁拿出相机将瞬间变成永恒。这些充满善良、正直、坚韧、童趣的照片，一旦张贴出来，或者教师及时展示出来，对孩子们又是一次褒奖和鼓励。教师随身携带的小相机，给班主任工作带来了多少教育资源啊！

现在我当校长了，依然保持了随身带个小相机的习惯。我依然习惯于用一双欣赏的眼睛去捕捉并及时抓拍校园里的感人细节，然后在教职工大会上播放这些照片，以感染更多的老师。

拍下老师们感人的细节，是从我刚当校长不久后开始的。当时，我曾经在一篇题为《请把你的眼睛借给我》的随笔中写道——

上周的一天中午，我偶然经过三楼初一办公室门口，无意中从开着的门看进去——

胡鉴老师、潘玉婷老师坐在各自的办公桌前的椅子上睡着了。说“睡着了”，是因为她们的头微微仰着，眼睛闭着。但实际上并不是真正的“睡”，因为她们的姿势分明是坐着。

那一刻，我的眼睛湿润了！

也许她们本来不想睡，只是想在办公桌前再做点事，但实在太疲倦了，不知不觉便睡着了。也许她们的确是在睡午觉，但又放心不下学生，所以不去公寓睡觉而只是在办公桌前打个盹儿。

这就是我们的老师！

我后悔当时没有带相机，不然，我将拍下老师们最感人的镜头。现在，这样的镜头只能永远地留在我的心中。

我坚信，像胡老师、潘老师这样坐着睡觉的老师绝不只是个别的；那天只是因为我偶然经过她们办公室，所以看到了。还有我没有去过的办公室里面呢？一定一定也有不少老师这样睡觉。他们疲倦而劳累，但他们的肩膀却很坚强，肩负着对学生的责任；他们的内心很坚强，支撑着一种可贵的信念！

我向这样的老师鞠躬！……

从那以后，我拿出我做班主任的“故技”，决定用相机捕捉我们老师的镜头——

早读课还没开始，但陈莉老师已经在辅导学生了，我赶紧拍下陈老师最美的身影；课间，我在教室过道看到熊德全老师正弯腰捡纸屑的背影，我赶紧拿出相机对着他“咔嚓”一声，他被闪光灯一惊，回头看到我，憨厚地笑了；走进办公室，看到李晓慧老师的坐椅上垫着厚厚的坐垫，原来是因为她的腰不好，特意把椅子垫厚一些，她有时候甚至只能半躺着批改作业，我怀着敬意把这张椅子照了下来；午休的时候，我看到远处的范景文老师放弃休息，在学校开放书吧找几个孩子谈心，我马上“偷拍”了一张照片；下午放学的时候，何敏老师下楼时，很自然地把路灯关了，我赶紧又照了一张……这些照片我都在教工大会上展示，让老师们互相感动，互相激励。

从班主任到校长，近三十年来，从120双镜头黑白相机，到全自动小相机，再到现在的数码单反相机，我的相机换了一个又一个，但镜头始终对准校园里的真善美，对准我的学生，我的同事。这些不同时期的照片，记录着我的教育现场，编织着我的教育历史，也凝聚着我的教育幸福，并丰富着我的教育人生。

解放班主任

当教师累，当班主任更累。许多教师宁愿多上些课，也不肯当班主任，这使不少学校领导头疼。如果我们仔细观察分析目前班主任工作的状况，就会发现教师们不愿当班主任，并不一定是怕累——对于一个有事业心的人来说，只要有兴趣、有价值，工作再累也不会觉得苦。问题在于，由于学校领导在管理使用与评价等方面的不甚科学，加之班主任自身工作方法的陈旧落后，造成了目前不少班主任的低效劳动甚至是无效劳动，使班主任们累得冤枉！为了让班主任在思想上、行动上能轻装上阵，切实成为“灵魂工程师”，把整个学校的班主任工作提高到一个科学的层次，我们郑重提出：“解放班主任！”

“解放班主任”的途径主要有二：学校领导对班主任的科学使用与科

学评价；班主任在思想上、行动上的“自我解放”。

科学使用班主任，就是要科学地划定班主任的权力与责任以及与之相关的工作内容。现在的普遍情况是，班主任工作“严重超载”：既要管学生，又要管家长，还要管科任老师；既要管学生校内纪律，又要管学生校外表现，还要管学生家庭教育；除了班级纪律管理、思想教育，还要具体督促检查甚至辅导学生各学科学习……真所谓“班主任工作是个筐，什么内容都要往里装！”班主任的责任似乎无限大，因为他什么都要管而且必须管好；同时班主任的权力似乎又无限小，因为无论是谁都可随时给班主任下达任务，是一个忙忙碌碌的办事员。如此穷于应付，疲于奔命，班主任哪有精力去“塑造灵魂”？因此，“解放”班主任的首要条件是科学划定班主任的权力与责任。我们认为，班主任最基本、最主要的任务就是学生思想教育和班级常规管理，他的权力与责任也只在这个范围之内。至于学校工作的其他方面，班主任只是协助而已；若凡是与学生有关的事都把班主任推到第一线，那么试问：学校非班主任人员的教书育人、管理育人、工作育人、服务育人又从何谈起呢？

科学评价班主任工作，也是“解放”班主任的关键，现在对班主任的片面评价主要表现在三个方面：一是简单而庸俗的“量化”：计划、总结的份数，纪律、卫生的分数，做好人好事的次数，上交学校广播稿、壁报稿的篇数等等。姑且不论如此“量化”是否真能反映出一位班主任的成绩，单是这种形式便使班主任有做不完的统计、填不完的表格、挣不完的分数，忙于种种检查评比而不得不把科学细致的思想工作置之一边；二是“以智论德”，不管班主任平时做了多么深入扎实的学生思想工作，不管这些工作带来了多么良好的班风，只要毕业考试成绩不理想，尽管其原因是多方面的，但往往一律归咎于班主任；三是提倡并鼓励班主任当“保姆”，越是陪着学生自习，守着学生做操，盯着学生扫地的班主任，得到的评价就越高，而那些培养学生自育自治能力，放手让学生自我管理的班主任，往往被视为“不负责”、“不深入学生”、“放大水筏子”……如此评价班主任，班主任的手脚怎么会不被束缚？我们不反对科学量化，但班主任工作的效果并不是都能量化的；学生成绩当然反映了班主任工作的一个重要方面，但毕竟只是一个方面而非全部；班主任事必躬亲的精神固然可敬，但“垂拱而治”、“不战而屈人之兵”的管理方式更为合理科学。因此，只有使班主任工作得到全面科学公正的评价，班主任们才可能从沉重的体力负担与心理负荷中解脱出来。

“解放”班主任，不仅仅是学校领导的事。对于每一位班主任来说，更应主动在思想上、行动上“自我解放”。思想上的“自我解放”，就是要勇于更新教育观念；行动上的“自我解放”，就是应善于改革教育方法。

更新教育观念，要求班主任用教育科学理论武装自己的头脑，明确自己的使命是塑造灵魂，而非管制学生；自己的身份是学生思想的引路人，而非学生集体的独裁者。在此基础上，班主任的思想观念应实现三个转变：一是变事务应付为教育科研。班主任随时以科研的态度来对待自己的每一项工作，把自己所带的班级当做自己的教育科研基地。要根据实际情况善于提出科研课题，并紧紧围绕课题去思考与实践，减少各种事务对自己的干扰。这样班主任会觉得每一天的工作都会有新的发现、新的收获，因而同样紧张的工作却变得有兴趣、有意义了。二是变个人权威为集体意志。一些班主任之所以感到太累，原因之一是他们过分注重自己的个人权威，对班上的事什么都不放心，非自己亲自过问不可，然而，由于集体意志并未形成，班主任的努力往往收效不大，这自然使他们感到力不从心、精神疲惫。一个班当然离不开班主任的个人权威，但这个人权威应该通过健康舆论、班级法规转变为集体的意志，使班级由“我的（班主任个人）”变为“我们的（学生集体）”，这样，班级凝聚力才会形成，班主任的工作才容易事半功倍。三是变孤军奋战为师生合作。这是教师个人权威转变为学生集体意志后的必然结果。孤军奋战的苦与累，想必每一位班主任都体会过，但未必每一位班主任都能醒悟，这种“苦与累”是自己的错误观念造成的！既然认为这个班只是班主任个人的，既然不相信学生的自我管理能力，那么，凡事当然就只有靠班主任一人支撑了。其实，班主任完全应该也可以把一个班级的重担让几十个学生分担的。不要老是认为学生自觉性差，能力不强。实际上，学生源于教师对自己的信任而产生的自觉性是不可忽视的，学生潜在的组织能力、管理能力更是不可低估的。因此，所谓“培养学生的自觉性与能力”，首先就是班主任为学生提供自我教育与管理的机会，而不是“手把手地教”。当每一个学生都以主人的姿态与班主任协力建设班集体时，班主任还会感到累吗？

改革教育方法，目的在于使班主任摆脱繁多杂事的缠绕。这可以从两个方面入手：大胆放手民主管理。前面已说，班主任的基本任务是学生思想教育与班级常规管理，因此，班主任大可不必面面俱到，越俎代庖。要分清哪些工作是自己义不容辞的事，哪些则仅仅需要自己当参谋、出主意，明确之后，该减则减，该丢则丢。若班主任一人“兼任”文娱委员、体操教练、生活保姆、教导主任……则往往心力交瘁，事倍功半甚至得不偿失。班主任工作一旦减肥消肿，班主任的精力会更集中，其工作目标更明确，工作效率也会明显提高。另外，即使对属于班主任分内之责的班级常规管理及各种事务，班主任也不应该一手包办，而应放手让学生学会自己管理班级，处理班级事务。所谓“民主管理”，绝不仅仅是依靠几个班干部，而是要引导学生制订出班级规范，以制度的形式来保证每一位学生都有参与班级管理的权利与义务，同时每一个人（包括班主任）都受到班集体的监督，一句话，变以“人”（班主任）治班为以“法”（班级规范）治班，使学生真正成为集体的主人。诚如是，班主任自然便从繁重的事务性劳动中解放了出来。

“解放班主任”的意义，在于使班主任由体力型的勤杂工成为科研型的教育者。因此，班主任获得“解放”之后，肩上的责任不是更轻了，而是更重了，但同以前不同的是，班主任真正还原成了“人类灵魂工程师”：他可以有充裕的时间找学生谈心，深入学生心灵，研究学生思想，把学生思想工作做得更细更好；他可以有充沛的精力结合一个班的教育实践，思考、探索教育改革，进行教育实验；他可以看书学习，进修提高，不断汲取新知识，充实自己；也可以撰写论文甚至著书立说，为中国教育的现代化作出自己的理论和实践贡献……当然，随着班主任的“解放”，学生能力的锻炼与提高，学校其他职能部门工作的强化，也是不言而喻的。由此可见，“解放班主任”不但应该而且势在必行！

做一个胸襟开阔、心灵自由的班主任

我曾在1991年的《班主任》杂志上撰文呼吁“解放班主任”，不少人却对我说“无法解放”，理由是“学校领导不愿‘解放’我们”。这实在是对“解放班主任”的一种误解。我所提倡的“解放班主任”并不是针对学校领导的“争自由，求解放”，而是班主任在民主和科学教育思想指导下的“自我解放”。这里的“自我解放”主要应该体现在两个方面，即改进方法以减轻工作负担和调节心理以缓解精神压力。今天，我着重谈谈后者。

都说当班主任很累很累。在我看来，这个“累”的体现除了工作的繁忙外，更多的在于班主任心灵的沉重，而且“心累”胜于“身累”。比起一般的科任教师，班主任的心理负荷要大得多：领导的评价、同事的议论、家长的批评以及学生的意见……往往都会成为束缚班主任心灵的绳索。因此，正确对待周围的舆论并随时调适自己的心理状态，是每一位班主任精神上“自我解放”的关键。

一、对待领导的评价要冷静

没有哪一个班主任敢说他一点不在乎领导对自己的评价。但是，过分注重领导对自己以及自己所带班级的评价，却往往会使自己背上沉重的思想包袱：如果得到了领导的表扬，他可能会喜不自胜而在以后的工作中战战兢兢以期“不辜负领导的鼓励”；如果受到了领导的批评，他可能会万分沮丧而长时间笼罩在失败的阴影之中；如果领导的批评是冤枉了他或者他的班级在德育评估时被莫名其妙地扣了几分，他更可能会睡眠不足、食欲不振、血压上升、肝火旺盛……

其实，领导的评价固然是一个班主任工作好坏的标志之一，但绝不是唯一的标志；而且，我们的工作难道仅仅是为了得到领导的青睐吗？显然不是。因此，我们完全可以用另一种心态来面对领导的评价：领导表扬了自己，说明自己的工作在某一方面达到了学校的要求，但也不过是某一方面而已，有啥值得喜不自禁的？而且，领导表扬你也就表扬了，你还是一个普通的班主任，你的班级还是一个普通的班级，人家没有也不会把你当成政治局常委来挑剔；如果你太看重得到的表扬并不断警告自己“要谦虚啊”、“千万不要翘尾巴啊”，那是你自己太把自己当成一个人物了！领导批评了自己，如果确实是自己的错，那没什么，心平气和地接受并尽可能地改正就是了嘛！只要干工作，就会有差错，有了差错挨几句批评谁都会遇到的，无所谓丢面子，因而也大可不必万分沮丧。至于领导确实冤枉了自己或者自己的班级受到不公正的评价，我的看法是，冤枉也罢，不公正也罢，由它去！我们的工作不是为了领导而是为了自己的良心——只要问心无愧，便自有公论。这样一想，保管消肿化淤顺气。当然，这里实际上还有一个以善良的心绪对待领导的问题。首先，不要动辄便觉得领导冤枉了自己，而要仔细检查自己是否有了过失却当局者迷；其次，即使领导真的批评错了，也不要轻易认定领导是“存心与我过不去”，须知我们也不时错批评学生呢！既然我们希望学生原谅我们的过错，我们为什么又不可以原谅领导呢？

有时还会出现这种情况，我们在改进班主任工作的过程中，明明自己是对的，却得不到领导的理解和支持，反而还受到指责与批评。这种情形最容易使一些班主任感到委屈因而垂头丧气。每当此时，我们应该通过理解领导来赢得领导的理解。所谓“理解领导”，就是站在领导的角度纵观全局。这样，我们就会看到：某一项符合本班实际的改革，却不一定符合全校的实际；或者某一举措虽然在理论上无懈可击，可是具体实践的条件却还不太成熟；或者某一做法尽管代表了教育改革的方向，但若猝然“一刀切”地大面积推广，却只会适得其反……所以，我们与领导的分歧，未必是“改革与保守”之争，而往往是局部和整体、设想和操作、渐进和突变等方面的暂时错位。这样一想，我们便会以建设性的积极态度听取领导的意见，进而赢得领导对我们责任心的信任和事业心的理解，并允许或者至少是默认我们在服从大局的前提下所进行的有益探索。当我们的改革实验确有成效的时候，领导的支持便是自然而然的了。

对待领导的评价要冷静，力争做到不因领导的表扬而欣喜若狂，也不因领导的批评而气急败坏。古人所提倡的“不以物喜，不以己悲”，的确是大大有助于心理健康的。

二、对待同事的议论要宽容

“人言”之所以“可畏”，在于它所直接伤害的是人的心灵。但“人言”的存在是不以人的意志为转移的，任何人都不可能不被人背后议论。因此，要想避免心灵伤害，与其徒劳地去制止“人言”的产生，不如为自己铸起一道心灵的防线，这道防线便是“宽容”。

我们平时所遇到的来自同事的议论，不外乎三种情况：中肯的批评、善良的误解和恶意的中伤。对于中肯的批评，我们应“闻过则喜”，不应“一触即跳”。既然是自己错了，“跳”也没用，那只会显出自己心胸的狭隘。有的人也许会说：“既然是中肯的批评，为什么不当面向我提出，而要在我背后议论呢？”我认为，只要人家说得对，就别计较别人是当面提出还是背后议论；如果硬要“计较”，不妨“计较”一下：为什么别人不愿向我当面提出呢？真的这样一“计较”，可能又会“计较”出自己的一些不足，这不又有利于自己进步了吗？对于善良的误解，也应心平气和地对待。同事之间，在性格特点、处世方式、思维角度乃至教育观念等方面的差异是客观存在的，所以，某些正确的见解与做法暂时不被人接受甚至遭到误解，这是难以避免的。既然人家没有恶意，也就大可不必怨恨人家。明智的做法是，能够解释的尽可能解释，一时解释不清的干脆不解释，自己该怎么干就怎么干；要相信“日久见人心”，更要相信“事实胜于雄辩”——消除误解的最好办法莫过于做出让人信服的成就！

那么，对于恶意的中伤，我们是不是就应该奋起自卫、迎头痛击呢？我的体会是，仍然尽可能地宽容。我们不妨分析一下恶意中伤产生的原因：首先，中伤者往往是心理不健康者；其次，你的某一方面也许比他强那么一点点，使他感到“怅然心中烦”，他需要宣泄；另外，中伤者希望你因受到中伤而火冒三丈，看到你不胜委屈地向群众辩诬、向领导申告、向所有“愿意”听你诉说的人诉说的狼狈样儿，他会获得一种心理平衡。由此可见，恶意中伤者是小人。本不是一个档次的人，他根本无法理解你的思想境界，更无法进入你的精神世界，你何必与他一般见识呢？因为“当你与傻子吵架时，旁边的观众往往分不清究竟谁是傻子”（外国谚语）。真正如苏霍姆林斯基所说的“大写的人”，是不可能因小人的流言而失去自己的尊严的。再从另一个角度看，宽容恶意的中伤，并不只是出于蔑视，而且还出于同情。是的，小人也需要同情。你想，你也许在有些方面优于他，比如班级课间操表扬比他多一次，国庆板报评比比他多两分，卫生红旗比他多三面，更为“要命”的是，在最近的一次单元小测验中，你班上90分的人数又比他多四个等等，总之你倒是独占风流，他却一无所“捞”。人家也是人啊，也渴望着体现自己的尊严呀，于是，让他在背后说你几句“他班课间操尽挣表现”、“他班的板报全都是剽窃”、“他班的卫生红旗还不是靠行贿得来的”、“他班的单元测验学生作弊凶得很”……有什么关系呢？他说了以后，既无损于你一根毫毛，又有助于他调节心理平衡，有什么不可以的呢？

还应该特别指出的是，同事的议论，绝大多数还是属于中肯的批评和善良的误解，真正恶意的中伤是极个别的。因此，面对不那么中听的议论，我们的确应以宽容之心待之。

三、对待家长的批评要平和

这里的家长当然是指学生家长。班主任的心理压力很多时候来自学生家长，尤其是得知一些家长直接向学校领导“告状”时，更容易怒火中烧，觉得家长们太不尊重自己了。于是，又是找领导解释“那只是个别家长不实事求是的诬告，而且这个家长的娃儿是标准的差生”，又是开家长会“辟谣”并声明：“有什么意见直接对我说嘛，怎么动不动就捅到校长那里去呢？”说实话，我以前正是这样一个班主任，我也因此常常气急败坏、恼羞成怒，“悲壮”而又滑稽！现在回想起来，自己当初不只是心胸狭隘、认识片面，关键是自己的“家长观”有问题。

学生家长中当然难免有个别修养极差而又道德低下者，但应该相信，绝大多数家长对班主任是真心尊重并对班主任的工作是持积极合作的态度的。说得“世故”点，人家把自己的娃儿送到你的手下，他凭什么要无缘无故地与你过不去吗？一个家庭都会有磕磕碰碰，那么如同一个小社会的一个班的所有成员（当然包括学生家长在内）之间自然会有各种矛盾，家长们对班主任有这样那样的看法、意见，更是再正常不过了。怎么办？根据本人过去的教训，我得出结论：以宽宏的民主胸襟平和地容纳学生家长的各种意见，包括尖锐的批评或者刺耳的“杂音”。如果像我当初那样，总认为：“既然我是一班之主任，那当然就得听我的；家长毕竟不懂教育，如果被家长牵着鼻子走，还要我班主任干什么？”于是，每次家长会都是我的“一言堂”，即使有所谓“家长委员会”，也不过是为了班上的事有人跑腿或者学生春游时找车子方便一点。这样一来，家长当然不敢在我面前“乱说乱动”，而只会对我十分客气甚至毕恭毕敬，但是，校长那里所收到的家长对我的“告状信”却多起来了，于是，我的烦恼也就多起来了，有一段时间，我甚至感到“天长地久有尽时，此恨绵绵无绝期”！反过来，如果我们畅通班主任与家长之间的交流渠道，经常主动听取家长对班级工作的批评，并随时吸收其合理因素改进我们的工作，或者即使家长们的意见不尽合理但我们也充分尊重他们发表不同看法的权利，那么，一般说来，家长们是会与班主任真诚配合的，我们工作起来也就心情舒畅多了。

当然，即使这样，有的家长可能仍然“爱好”直接与学校领导个别交换意见，我的看法是，这是人家不容剥夺的民主权利，理应受到尊重与保护；至于他向领导“个别交换”的“意见”是否属于“诬告”，是否会有损班主任的名誉，我们应充分相信领导的洞察力与处世水平。“文革”中，曾一度流行苏联影片《列宁在1918》中一句“名言”：“我们不理睬他！”——“人民委员斯大林”的这句台词用来对付今天某些家长居心叵测的“告状”，倒是十分合适的。

四、对待学生的意见要豁达

在各种舆论中，对班主任心灵最大的伤害，可能莫过于自己学生“反戈一击”的“背叛”——公开与自己“唱对台戏”，或借学校进行教学调查的时候向校领导“告”班主任的“状”……想想看，自己每天早出晚归忙工作，辛辛苦苦为学生，满腔青春血、一把老骨头，换来的竟然是学生的“不满意”！叫人怎能想得通、睡得着呢？！又叫人怎能忍受这窝囊罪、咽下这不平气呢？！

其实，只要我们意识到学生毕竟是学生，而自己是长他们十几岁乃至几十岁的成年人，便什么都想得通睡得着，既能忍受“窝囊罪”又能咽下

“不平气”了。既然是学生，他们必然不成熟：胸无城府，说话直率，思想偏激，认识片面……他对我们提意见甚至是不太实事求是的“意见”，一般都不是因为师生“感情危机”，更不会有什么恶意。觉得不满意，就要说出来——这就是学生的幼稚之处，也正是他们的可爱之处。当然，很多时候，学生的意见的确与实际情况多少有些出入，这往往并非他们有意“乱说”，而是因为他们儿童式的思维导致他们“判断失误”。比如：课堂上他答不上问题，老师叫他站着想一下，他可能便会认为老师是在“体罚”他；老师偶尔有过两次几秒钟的迟到，学生便可能在下一次教学调查中说老师“经常迟到”（因为在他们看来，老师有一次迟到都是不应该的）；在一次轻松活泼的教学气氛中，教师爱抚地称学生为“小傻瓜”，虽然大多数学生都不会觉得难堪而只会感到亲切，但可能便会有个别学生认定“老师是在侮辱我们”……凡此种种，我们能与学生斤斤计较吗？当然也可能会有因为经常挨老师的批评而借反映教学情况“报复”班主任的个别学生，但作为思想境界远在学生之上的教育者，也是不屑计较这些的。也许有人会说：“我当然不会计较，但领导却会以此来‘计较’我！”对此，还是用得着一句“套话”，即“相信群众相信党”。“相信群众”就是坚信自己的工作好坏公论；“相信党”就是坚信大多数领导会正确对待学生的意见，并不会仅仅凭学生的只言片语来评价教师的。有了这两个“相信”，我们自然就不会背上思想包袱了。

对待学生的意见要豁达，还不仅仅关系到教师的人格修养，更体现出我们民主的教育思想。姑且不论学生们合理的意见会有助于我们的工作，班主任主动把自己置于学生的监督、制约之中，这是我们每一位有事业心的教育者所理应具备的现代意识。更何况我们培养出来的学生应该是具有独立人格、平等观念、民主素质的主人，这才能适应将来社会主义现代化中国跻身世界强盛民族之林的需要。如果我们的学生连向老师说“不”的勇气都没有，这不但是我们教育的悲哀，更是未来中国的悲哀！

当然，使班主任感到“心累”的因素还有很多，比如教育过程中的种种难题、升学率的压力以及来自社会对班主任过高的期望值等等。但是班主任自己能够尽可能解除的心理重负，我认为就是正确对待领导的评价、同事的议论、家长的批评和学生的意见。常说要注重学生良好心理品质的培养，这是完全正确的；可是教师本身心理素质的自我优化，却还未能引起所有教育者的高度重视。乐观向上，情绪饱满，胸怀坦荡，豁达宽容，正是优良心理品质的体现。唯有在精神上真正站起来的班主任，才能获得彻底的自我解放！法国作家雨果曾用诗一般的语言说：“世界上最宽阔的是海洋，比海洋更宽阔的是天空，比天空更宽阔的是人的心灵！”愿我们每一位班主任朋友都拥有如此宽阔无垠的胸襟与自由舒展的心灵！

《爱的教育》：不朽的“教育圣经”

无论对于我，还是我的学生，以及我的女儿，《爱的教育》都是一部非常重要的著作。因此，一提起《爱的教育》，我就禁不住心潮起伏。

该书于1886年问世，上世纪20年代由我国现代著名教育家夏丏尊先生翻译为中译本。先生曾这样表述《爱的教育》给自己的心灵冲撞：“这书给我以卢梭《爱弥儿》、裴斯泰洛齐《醉人之妻》以上的感动。我在四年前始得此书的日译文，记得曾流了泪三日夜读毕，就是后来在翻译或随便阅读时，还深深地感到刺激，不觉眼睛润湿。这不是悲哀的眼泪，乃是惭愧和感激的眼泪。除了人的资格以外、我在家庭中早已是二子二女的父亲，在教育界是执过十余年教鞭的教师。平日为人为父为师的态度，读了这书好像丑女见了美人，自己难堪起来，不觉惭愧了流泪。书中叙述亲子之爱，师生之情，朋友之谊，乡国之感，社会之同情，都已近于理想的世界，虽是幻影，使人读了觉到理想世界的情味，以为世间要如此才好。于是不觉就感激了流泪。”

半个多个世纪以后，我和我的学生们也为《爱的教育》流下了同样感动的热泪。1984年，《中学生》杂志的主编刘希亮同志就著名作曲家谷建芬为我的学生创作班歌的事采访我，感慨之余，特意送给我一本《爱的教育》。从此，《爱的教育》便成了我历届学生的必读教材；课堂上我和学生轮流朗读“安利柯”的日记，成了我班最激动人心的时刻，也成了学生们中学时代最难忘的记忆。

这本书也曾是我女儿的启蒙读物。女儿刚刚可以独立阅读时，我也送了她一本《爱的教育》，这本书陪伴着她成长。去年女儿考上大学，我让她到我班上去和我的学生交流，有学生问她什么书对他的影响最大，她首先提到的就是小时候读过的《爱的教育》。

到今年，《爱的教育》问世已经整整120周年，可它魅力不减，仍然以其“爱”的精神养料，滋润着这个世界千千万万不同国度不同民族的读者的心灵。

今天的世界与120年前相比，有了很大的不同。日新月异的科技发展和经济增长，正改变着人类的生活方式，并推动着世界的前进。然而，战争、强权、仇恨、暴力……依然给这个世界制造着一个又一个新的灾难。

每天打开电视，我们几乎都可以看到这样的画面——无数无辜的儿童流着眼泪的眼睛正渴望着爱。历史已经证明并正在继续证明着，物质文明的发展，并不一定自然带来人类精神生活的幸福。

就说我们中国吧，改革开放近30年了，我们的确取得了许多令人瞩目的辉煌成就，但我们社会上的某些事件同样“令人瞩目”：一名中国著名大学的高才生，居然出于据说是“好奇”的心理，把一瓶浓硫酸泼向黑熊的脸；一群刚进入青春期的男孩，放学路上看到一个比自己小的女孩，一时兴起，便将可怜而无助的女孩“玩儿”了；一个十几岁的少年，因为奶奶不愿意给他进网吧打电子游戏的钱，竟然勒死了自己的奶奶……

如果说这些事件都还算是“恶性案件”的话，那么对于更多的不属于“案件”但同样令人心寒的事件，我们可能已经习以为常了：2003年11月5日，成都市都江堰中兴镇老桥桥头，一名弱女子深夜遭遇歹徒追杀，发出撕心裂肺的呼救，整条大街的居民听到了呼救，却无人开门制止；唯一还开着门的店主居然马上拉下了卷帘门。这名女子最后在绝望中被暴徒殴打致死！2004年4月，云南省红河哈尼族彝族自治州个旧市绿水河发生了一起特大交通事故，造成3人死亡，18人轻重伤。几个因车祸受伤严重的农民，因无钱而被医生拒之门外，只好被人送回家用草药包扎……

其实，真正让人心寒的还不是这些特别“抢眼球”的新闻，而是我们每天都参与其中的某些日常生活细节：公共汽车上，颤巍巍的老人用求助的眼神搜寻着座位，可周围座位上的年轻人偏偏稳坐如山；一位老人突发心脏病而倒在街头，来来往往的行人却熟视无睹，最后孤独的老人在冷漠中停止了呼吸；走进某些挂着“为人民服务”招牌的政府办公机构，我们看到的却是一张张没有表情的脸；在小区大院，看着迎面走来的邻居，我们双方都已经不会点头微笑，而早已习惯于擦肩而过了；看着正拉着板车吃力上坡的劳动者，我们已经伸不出一双有力的手帮他推一推；一个讨要工资不成的民工愤而跳楼，下面成百上千的围观者（可能也包括我们）麻木而开心地看着热闹……

所以，当胡锦涛主席提出树立"八荣八耻"荣辱观的时候，我在衷心拥护的同时，也感到了一丝苦涩——一个国家到了居然需要最高领导人来呼吁全国人民明辨荣辱的时候，这究竟是我们社会的光荣呢还是耻辱？

是的，我从来不相信靠一本书就能拯救灵魂或者改善社会风气；但是，一个正常而健康的社会，既需要法制规范，也需要价值引导；尤其是对于正在成长中的孩子们来说，汲取什么样的精神养料，将决定他们具有怎样的灵魂——从某种意义上说，这也决定着国家未来的社会走向。毫不夸张地说，今天的中国孩子——当然不仅仅是孩子，但首先是孩子——比任何时候都需要"爱的教育"。不能说这么多年来我们没有对孩子们进行"爱的教育"，相反我们的"教育"有时候还相当有声势有规模：班会比赛、作文比赛、演讲比赛、办报比赛、歌咏比赛……但实际效果如何呢？答案不言而喻。

最近我重新通读了《爱的教育》，再次被感动的同时我感慨万千："爱的教育"首先恰恰不是一种教育，而是一种生活，并且是一种常态的生活。在作者看来，"爱"的对象不是抽象的，而是具体的，具体到我们身边的每一个人：父母，老师，同学，邻居，一切普通的善良者，那些素不相识却渴望温暖的不幸者，所有为他人为民族献出生命的英灵，当然，也包括"葬着自己祖先"、给自己以尊严的祖国！亚米契斯当然希望通过这本书给读者以"爱的教育"，但这种教育绝非空洞的说教，而是平凡生活中"爱"的感染，作者通过主人公小安利柯的日记，引导读者用一双儿童的眼睛，从一个质朴、纯真的角度观察"爱"、品味"爱"、感受"爱"，并忍不住与安利柯以及他的父母、同学、朋友一起欢笑、流泪、沉思、憧憬……

如果要用一句话概括《爱的教育》全书的灵魂，那么，我认为是“让人们因我的存在而感到幸福”。通读全书，作者笔下的一个个朴实的小故事，都在完美地诠释着这句话的内涵。

需要特别说明的是，这里的“人们”不仅仅是指自己的亲人、友人和熟识的人，更包括那些应该受到尊重甚至值得我们爱的陌生人。应该说，相对而言，爱自己的父母、同学、老师、邻居要容易一些，而爱那些和自己素不相识的人——尤其是弱者，就不那么容易了。《爱的教育》最打动我的，正是这种“对陌生人的爱”。一个扫烟囱的小孩儿把劳动所得的三十个铜子儿丢了，在校外的街道上很伤心地哭泣，这时一群三年级的小女孩过来了，她们纷纷拿出自己口袋中的钱币，“那个可怜的扫烟囱的男孩儿被包围在一大群五颜六色的衣服、帽羽、丝带和发卷中间，这是多么美丽的一幅图画啊。三十个铜子儿已经凑齐了，可钱还是源源不断地送到他的手里。最小的几个女孩子没有钱，她们就使劲挤进圈子里，把自己的花束送给他……”的确，“这是多么美丽的一幅图画啊”！也许有的读者会对此不以为然，但是请看看我们周围某些地方至今还弥漫着咸亨酒店似的冷漠，这群女孩子一颗颗晶莹的爱心，不正是今天我们所热切呼唤的吗？

要爱劳动人民，这是本书许多故事反复强调的主题之一。安利柯的父亲这样告诫儿子，劳动者中有朋友。他说：“贵贱在能力，并不在于俸钱；在勇气，并不在阶级。论理，兵士与劳动者正唯其受的报酬少，就愈可贵。所以，你在朋友之中应该特别敬爱劳动者的儿子，对于他们父母的劳力与牺牲，应该表示尊敬，不应只着眼于财产和阶级的高下。以财产和阶级的高下来分别人，是一种鄙贱的心情。救济我国的神圣的血液，是从工场、田园的劳动者的脉管中流出来的。”写到这里，我不禁感慨，作为社会主义国家的教育，我们很久很久不对学生讲“要热爱劳动人民”了。

学生们崇拜的不是劳动者，而是腰缠万贯的富翁和一夜成名的明星；面对身边的劳动者、弱小者和不幸者，我们的学生越来越麻木了，麻木到连举手之劳的帮助都不愿意付出，更别说对劳动人民的敬意了。

现在有的教育者认为，对孩子的教育不能太柔软，不能太善良，而应该培养学生的“狼性”，教给他们与市场经济社会生活相适应的种种生存技能。他们认为，东方是“羊”的教育，培养的是温文尔雅、逆来顺受、安于现状的人；而西方是“狼”的教育，培养的是个性张扬、敢于挑战、不断超越的人。在物竞天择、适者生存的世界里，我们要对孩子们进行“狼”的教育，而不应是“羊”的教育。

对此我万万不敢苟同。教育当然应该给学生生活技能与生存智慧，但首先应该给学生以人之为人的精神世界，而人的所有精神都必须以人性为最基本的底线——学校教育最重要的工作就是保持孩子善良和悲天悯人的天性，这对于一个人是否拥有终身幸福的精神生活是至关重要的。苏霍姆林斯基在其名著《帕甫雷什中学》中这样道：“为每一个人培养起善良、诚挚、同情心、助人精神以及对一切有生之物和美好事物的关切之情等品质，是学校教育的基本的起码的目标。学校教育就要由此入手。”

所谓“西方是‘狼’的教育”云云，实在是一种似是而非的说法。《爱的教育》作为一部西方的教育著作，提倡的恰恰不是“狼”的教育，当然也不简单是“羊”的教育，而是“人”的教育！正如人生的不同阶段有不同的幸福一样，教育的不同阶段同样有不同的主题。理想与现实，玫瑰与毒刺，美丽与邪恶，真诚与虚伪，热爱与憎恶……作为一个完整的人生，都是应该或拥有或经历或感受的，但对于成长于特定学段的孩子来说，是否都应该将这些一股脑儿全部展现给他们呢？不，我认为，对于某一年龄段的孩子来说，教育者只应该给他这个年龄最需要的东西。这是对人性的尊重。

我们和学生当然都不是生活在真空中。如何让孩子在灰暗甚至邪恶的环境中保持一份对真善美透明的信任？如何让孩子在追求真善美的历程中又能正视假恶丑的存在？如何让孩子在拥有善良天性的同时又具有坚韧不拔的生活勇气和化险为夷的生存智慧？这是我在20多年的教育历程中苦苦探索的课题。我现在的结论是：在学生从幼年、童年、少年到青年的成长过程中，我们应该给他们的心田依次播下三粒人生的种子：善良、正直和机智。善良是一切美德的根本，由此萌生出正直——憎恶一切毁灭善良的罪恶，而与罪恶抗争，则必须有一颗机智的心。注意，我这里说的是“依次播下”，就是说，对不同年龄不同学段学生的教育，必须有不同的重点主题。而任何一个主题的错位，都可能产生教育的遗憾进而给学生的人生带来遗憾。

善良，是心灵的鲜花；这鲜花的种子应该在孩子童年时候就播撒到他们的精神原野上。正是在这个意义上，我永远坚定不移地认为，《爱的教育》应该成为所有孩子的启蒙读物，因为它的确是一部不朽的“教育圣经”。

创作教育的“酥油花”

写这篇文字的时候，我再次浏览了几年前写的班主任日记，不禁感慨：生命就是这样无声无息却有滋有味地流过的。

几年过去了。现在，作为校长的我继续当着班主任，当然也继续在写每天的班主任日记。这让许多朋友在敬佩我的同时，也向我表达了疑惑："您那么忙，靠什么毅力坚持写下来的呀？"这个问题，其实我在几年前就回答过了——当时也有网友给我提出这个问题，我的回答是："我不觉得这需要什么'毅力'，因为这是我本身的需要，而这种需要已经变成了习惯，就像每天再忙再忙也要洗脸刷牙一样——难道每天坚持洗脸刷牙还需要毅力吗？写这样的日记，并不像有的老师想象的那么累那么苦那么坚韧不拔，因为用文字记录自己和学生每一天的成长，实在是一件非常有意思的事！"

今天，我还要补充说明的是，我用这方式，表达着我对我这份职业的态度。

最近我在对我校年轻老师进行培训时，谈到了职业幸福："以什么心态对待自己的职业，将决定你的幸福感。当你对职业不满的时候，要么改变职业，要么改变职业心态！如果我们把职业、事业和生活乃至人生都融为一体，不会觉得有什么累不累的。"

我认为，对待教育，可能至少有四种态度——

第一种是"应付"的态度。本来就不喜欢教书，但是因为种种原因，不得不教书，觉得大材小用了，心情郁闷，于是只好应付了。没有教书育人的热情，只有怀才不遇的叹息，这样搞教育，不但自己痛苦，孩子遇到这样的老师也痛苦。当然，说到"应付"，还有一种情况可能是不可避免的，就是刚参加工作的青年人因为不熟悉业务，不适应新的生活，手忙脚乱，没有章法，不得不应付，这种应付是可以理解的，因为这是新教师走向熟练之前必然要经过的一道槛儿。但是，能够做好却有意应付，"当一天和尚撞一天钟"，则太不应该——既对不起自己，也对不起孩子。这样的老师如果实在无法改变心态，不如改变职业！

第二种是“饭碗”的态度。既然做了教师，就认认真真地上好每一堂课，因为这是自己安身立命的饭碗。我们经常听到这样的教诲：“不要把教育当做饭碗，而应该……”其实，在我看来，把教育当饭碗无可厚非——作为教师不把教育当饭碗，吃什么？所以通过本职工作谋取生活的物质基础，一点都不耻辱。有人会说：“当成饭碗可以理解，但不应该仅仅把教育当做饭碗。”我说，应该允许有教师仅仅把教育当做饭碗，因为绝大多数老师都是普通人。而且，如果一个老师真正把教育当饭碗，因而珍视这个饭碗，怀着敬畏之心（怕失去饭碗）对待自己的职业——认真备课，认真上课，认真批改作业，认真辅导学生……比起教育家们的追求，这个境界也许谈不上有多么高尚，但绝对不低下。现在教师队伍中依然有少数教师，敷衍塞责，误人子弟，相比之下，忠于自己饭碗的老师同样令人尊敬。

第三种是“事业”的态度。应该看到，确有不少教育者不满足于仅仅把教育当饭碗，而是把教育同时也当做自己的事业。所谓“把教育当事业”，我的理解至少有两个含义：第一，研究；第二，创新。有事业心的教师，面对教育的所有现象，都能够以一种研究的眼光去打量与审视，并自觉地（而非外在的强迫）进行研究。这种研究不是抽象的理论推导，而是结合自己每一天的每一个教育行为（课堂教学、班级管理等等）进行分析、比较、质疑、琢磨、提炼等等。有事业心的老师总是具有一种超越自己的欲望，不愿意简单地重复自己，哪怕是同一篇“教熟了”的课文，针对不同的学生，或者在不同的时期，也希望能够上出新意；哪怕是富有经验的班主任，面对新的班集体，也努力追求带出新的个性与特色。如果说，把教育当饭碗，能够满足教师物质生活的需要；那么，把教育当事业，则还能给我们带来自我价值实现的精神收获。我们不能苛求每一个教育者都把教育当事业，但是毫无疑问，一个把教育当事业的老师能够获得更多的幸福感。

第四种是“宗教”的态度。所谓“把教育当宗教”，就是为教育的一切付出，都不是来自上级的要求，也不是迫于生活的压力（当然，最基本的生活条件已经具备），而是源于自己内心的召唤。该做什么，不该做什么，不是看领导的指示或“舆论导向”，而是基于自己的良知。上了一堂精彩的课，不会因为领导没有看到便感到“白上了”，而会有一种发自内心的成功感；出现了一次教育失误，首先不是想到别人会怎样看，而是内心的不安和自我谴责。因为一切都是自己精神需求。把教育当宗教，必然视学生为上帝。注意，这里所说的“视学生为上帝”不是迁就学生，而是从教育服务的终极目标来说的：教育的最终目的，是为学生的一生负责，因此教育的一切行为，都必须服从于这一点。把教育当宗教，意味着教师不会让教育带上庸俗的功利色彩，更不会把学生当做牟利的工具。写到这里，我想到几年前我去参观青海塔尔寺的时候看到酥油花的情景。寺庙的一个僧人告诉我，酥油花塑造工艺复杂，要进行大量的选料、配制、做模等前期工作。由于酥油易融化，艺僧们徒手捏塑酥油花时只能在零下十几摄氏度的阴冷房间里封闭工作。在制作过程中，艺僧手指被冻得疼痛难忍，失去触觉，但他们依然将酥油做成一朵朵精美的花朵。这些酥油花只能“存活”几个月，因为天气转暖便要融化，于是每年都要重做酥油花。因此，最后艺僧们的手指都会溃烂，且终身残疾。这些艺僧都是自愿做酥油花的，没有谁强迫他们，哪怕手指溃烂，他们也无怨无悔。这些美丽的酥油花都不是为市场而制作，唯一的用途就是放在寺庙里供奉神灵。没有半点功利色彩，不是因为物质生活的需要，不是迫于别人的指令，而完全是出于心灵深处的信仰，而自觉自愿地奉献出自己的智慧和健康，在世俗的人看来，他们很苦，但他们自己却觉得很幸福——这就是宗教的力量！回头说教育。并不是每一个教育者都会把教育当宗教，但要看到，陶行知、苏霍姆林斯基、魏书生、崔其升等人的确是把教育当宗教，视学生为上帝，他们不但为社会进步作出了贡献，也因此而获得了内心的自由与宁静。我们也不可能要求每一个教师都把教育当宗教，但如果教育者具备一些宗教情怀，会享受到更多的教育幸福。

我自己对教育的态度，目前远没有达到宗教的境界，但我的确是把教育当做我热爱的事业，并尽量使自己逐步具备一种宗教情怀。上面说了，事业意味着研究与创新，因此，我自觉地记录、反思、改进自己的教育行为，于是便有了持续不断的班主任工作日记。这已经不是我的工作常规，而成了我的生活习惯。几年前，我曾就我的教育日记写下这样的文字："大自然的季节继续持之有序地轮回，日月星辰继续默默无语地运行，青春的花朵会继续绽放在永远充满欢声笑语的校园，生命的翅膀会继续从容而磅礴地拍打着事业的天空，还有无数我预测不到的精彩或平淡的故事、欢乐或悲伤的细节、情理之中或意料之外的奇迹……在前方的驿站等待着我，因此我的日记也会一篇一篇地写下去，去迎接一个又一个生命的精彩瞬间。"几年过去了，现在我依然做班主任，并依然写教育日记，依然迎接并享受着"一个又一个生命的精彩瞬间"。

一届又一届的学生已经离我而去，踏上了新的人生旅途，但他们曾经给我的青春气息，已经融入了我的生命。而我，也将永远注视着他们。

我也有一个梦想

我特别敬仰的陶行知先生说过一句话：“先生之最大的快乐，就是创造出自己崇拜的学生！”我把这句话作为我的教育信念。让学生成为自己崇拜的人，这是我的梦想！

小时候，我曾梦想自己成为一个人格高尚、学识渊博、才华横溢、能力出众的人；但由于生长在“文革”时代，这一切都成为泡影。我有太多的遗憾：书读得不多，学问不深，修养不好，综合能力也不强……每当想起这些，我总是自卑而沮丧。但是，现在我是教师，所以我并不绝望，因为我可以通过我每天的工作，培养出一批又一批在各方面远远超过我的学生，我梦想我的学生都是值得我崇拜的出类拔萃的真正的人！

注意，所谓“值得我崇拜的出类拔萃的人”，并不一定是名声显赫的科学家、企业家、文学家或其他什么名人——当然也包括这些，但更多的是默默无闻的普通劳动者，正像多年以前我教过的一个学生程桦所说：“任何一个有追求的劳动者，都可以成为普通岗位上的巨人！”

如果他们是科学家，他们会像杨振宁、邓稼先一样竭尽自己的才华，为中华民族的科技事业赢得世界声誉；如果他们是文学家，他们会以中国人民的欢欣和苦难作为自己创作的源泉，进而写出反映我们这个时代的真实的史诗；如果他们是国家公务员，他们绝不会以权谋私大搞腐败，而是时刻牵挂民间疾苦，把每一位受苦的劳动者都当做自己的亲人；如果他们是普通的商店服务员，他们会以自己的真诚善良，让每一个顾客感到春风扑面……

更重要的是，我希望我的每一个学生都是独一无二的最好的自己。在明丽的蓝天下，每个人都是一棵生机勃勃的树。我们生活的世界本身像一片森林，其中有的人是乔木，有的人是灌木；有的人是参天的白杨，有的人是婆娑的杨柳。我每一个学生将来所从事的职业肯定各不相同，但有一点我希望相同，他们都是自己所在行业的佼佼者。问题不在于做什么，而在于要成为最好的——也许不是最美丽的，但可以最可爱；也许不是最聪明的，但可以最勤奋，也许不会最富有，但可以最充实；也许不会最顺利，但可以最乐观……因此，若是工人，就要当技术最出色的工人；若是营业员，就要当服务质量最佳的营业员；若是医生，就要当医术最高明的医生；若是教师，就要当最负责的教师；甚至哪怕只是在街头摆了一个小摊经营杂货，也要当最受顾客赞道的劳动者！也许不能成名成家，不能名垂青史，但可以成为同行业中千千万万普通人里最好最快乐的那一个！

最后，我还要说，我崇拜的学生，无论从事什么职业，他们首先是共和国的现代公民，而不是现代顺民更不是奴才。他们具有民主、自由、博爱、平等、宽容等现代意识，并把这一些意识体现于生活的每一个细节。除了崇拜真理，他们不迷信任何权威；除了遵守法律和服从自己的良心，他们不屈从于任何强权的意志。作为普通公民，他们时刻关心着国家的命运，并以自己每一天的努力，推动着中国乃至世界的进步。由这样的公民构成的民族，必然迎来高度民主、高度文明和高度繁荣的现代中国！